Friedrich Weinreb
Der mystische Weg

Der

mystische

Friedrich Weinreb

Der mystische Weg

Textfassung Christian Schneider

Thauros Verlag Weiler im Allgäu

Weg

1.–3. Tausend

Jakob-Huber-Straße 9 D-88168 Weiler im Allgäu
Typographie Rudolf Paulus Gorbach
Herstellung und Satz Gorbach GmbH Buchendorf
Gesetzt aus der Ellington
Druck und Bindung bei Hofmann-Druck Augsburg
ISBN 3-88411-046-2
Printed in Germany

Autorisierte schriftliche Ausarbeitung der Vorträge »Der Weg« und »Die himmlischen Hallen«, die Friedrich Weinreb in der Vortragsreihe »Themen aus der jüdischen Mystik« am 11. und 25. November 1980 in Basel gehalten hat. Das Abschreiben der Tonbänder besorgte Udo Hildebrand, die Textfassung und Redaktion Christian Schneider.

Inhalt

Vorwort des Verlegers

Die diesem Buch zugrunde liegenden Vorträge Friedrich Weinrebs handeln vom Verborgenen in unserem Leben. Dort strömt die Quelle, die unseren Lebensweg lenkt. Der Aufbruch ins Innere, die Reise zur Quelle, der mystische Weg, wie er hier entfaltet wird, ist keine Flucht aus der Welt, keine Abkehr vom Alltag. Er führt vielmehr in immer neuen Ansätzen und ständig wechselnden Ebenen zu einer überraschenden Lebenswende: zurück zu den Realitäten der Welt und unseres Daseins. Um dieses Geheimnis geht es. »Wer nicht spürt, daß er zurück muß, glaubt eigentlich nicht an die Auferstehung« – damit ist etwas von der allumfassenden Wandlung angedeutet, die der mystische Weg dem Menschen eröffnet. Das Zitat stammt aus einem Buche des Autors, in dem, wie hier, die Akibageschichte im Mittelpunkt steht.

Zur Gestalt des Rabbi Akiba, allgegenwärtig in der jüdischen Überlieferung, hat Friedrich Weinreb zeit seines Lebens die innigste Beziehung empfunden. »Gehört er vielleicht zur Erbmasse im Samenkorn meines Lebens?« fragt er sich in seiner Autobiographie der Jahre 1935–1943. Darin erzählt er sein »Leben mit Akiba«, was sich dann auch in dem vielsagenden Titel »Der Krieg der Römerin« ausdrückt. Es ist die Akibageschichte, die ihm die Augen für die verborgene Seite seines Lebens und damit erst für die Realität der Welt öffnet. »Ich spürte, daß es sich dabei um ein menschliches Urmodell handelte, vielleicht um mein ganz persönliches.«

Weinrebs eigener Lebensweg bestätigt seine oft wiederholte Äußerung, daß der Mystiker gerade der »größte Realist« sein müsse. Der Welt zugewandt, unermüdlich und wach, wie es nur aus Liebe möglich ist, hat er vorgelebt, was er hier vom »Weg durch die himmlischen Hallen« erzählt. Es ist der Kern seiner Autobiographie, die Quelle eines sehr glücklichen Lebens, wie er immer wieder betonte. Von außen, mit zeitgeschichtlichen Maßstäben gesehen, muß das wie bittrer Hohn klingen, bringen doch Kriegs- und Nachkriegszeit dem Menschen Weinreb vielleicht die tiefste Erniedrigung, die nach gesellschaftlichen Wertevorstellungen möglich ist. Und gerade da erlebt er in großer Freude den Durchbruch: die tiefe Einsicht in den Sinn des Lebens und in den Zusammenhang der Schöpfung im Wort. Davon erzählen zu können bis ins hohe Alter, empfand er als großes Glück.

So kann nun seine Stimme als Stimmung im Leser weiterleben, verwoben mit den vielen Stimmen des Lebens, die auf dem Weg vernehmbar werden. Was den einen bis ins Mark trifft, überhört vielleicht der andere, und auch Verstehen und Mißverstehen läßt sich meist nur an der

Oberfläche klar unterscheiden. Ob nicht gar viele Mißverständnisse notwendig sind, um in jenes Verstehen zu gelangen, wo alles Gegenwart ist und freudige Erwartung? Diese zu wecken, ist Friedrich Weinrebs einzigartige Gabe.

Was im Grunde, oft verschüttet, in uns lebt, macht Weinreb durch die alten Geschichten der jüdischen Überlieferung hörbar. Eine leise Stimme, gewiß, immer an der Grenze zum Schweigen. Dennoch könnte sie im Leben bestimmend werden.

Mit dieser Textfassung des gesprochenen Wortes möchte ich den Leser dazu einladen, einer Stimme zuzuhören, die ihm in seiner Stimmung beim Lesen entgegenkommt. Vielleicht vernimmt er dann, ohne Laute zu hören, und ist bald in ein Gespräch vertieft, das nah und vertraut werden läßt, was Zeit- und Raumschranken ihm sonst entziehen.

Daß Worte zu Taten werden, das Verhalten ändern und in der Welt eine Wende zum Guten bewirken können, war für Friedrich Weinreb eine selbstverständliche Gewißheit. So ist sein Erzählen vom Vertrauen des Sämanns getragen, daß die Saat einmal aufgeht und reiche Frucht trägt.

Die Saat seiner Worte auszubreiten, hat sich vor fünfzehn Jahren der Thauros Verlag zur Aufgabe gemacht. Ich nehme das als willkommenen Anlaß, all denen zu danken, die dabei mitgeholfen haben, durch Rat und Tat, finanziell und ideell; an erster Stelle meiner lieben Frau, der Stütze des Hauses, die nicht nur tatkräftig die meisten lästigen Büroarbeiten erledigt, sondern auch meine Freude an den Büchern teilt. Herzlich danken möchte ich an dieser Stelle auch Marian von Castelberg, die persönlich und mit der Friedrich Weinreb-Stiftung so vieles möglich gemacht hat, wovon ein kleiner Verleger sonst nur träumen kann. Und besonders zu bedanken habe ich mich endlich auch einmal bei Rudolf Paulus Gorbach, der seit der Gründung des Verlages durch Herstellung, Ausstattung und Typographie jedem Titel seine besondere buchkünstlerische Note gibt.

Weiler im Allgäu, an Mariä Himmelfahrt 1993
Christian Schneider

Das Gebiet der Verborgenheit

Was verstehen wir unter Mystik und unter jüdischer Mystik?

Da es sich dabei doch um ein sehr persönliches Erlebnis handelt, ist so etwas wie eine Theorie der Mystik kaum möglich. Dennoch gibt es einen gemeinsamen Nenner, sonst könnte die Mystik ja nicht unser Thema sein; obwohl, wie gesagt, das mystische Erlebnis etwas ganz Privates ist.

Wissenschaften, vor allem als Naturwissenschaften, aber auch die Philosophie zum Beispiel, kann man nach allgemeingültigen Regeln studieren, sich den Stoff aneignen und dann unter Umständen von sich sagen, man sei nun mehr oder weniger ein Wissenschaftler. Aber zu sagen, man sei nach Studium und Lektüre und Übungen ein Mystiker, ist mir ein bißchen ungut. Gerade hier ist doch ein Gebiet, wo man nach seiner Art, seiner Erbmasse und seiner Herkunft etwas ganz für sich erlebt und nicht etwas allgemein Zugängliches kennenlernt.

Trotzdem glaube ich, daß es gut wäre, wenn ich den Begriff der Mystik einmal nach dem zu beschreiben versuche, was mir aus Lektüre und eigener Erfahrung dazu eingefallen ist.

Also, zuerst einmal handelt es sich bei der Mystik um

einen Bereich der Verborgenheit. Wie das Mysterium hat Mystik mit etwas zu tun, das sich allen rationalen, allen kausal gültigen Maßstäben entziehen kann. Ich sage: *kann* – , denn es könnte sogar sein, daß es *auch* diesen Maßstäben entspricht; aber dann ist da auch noch etwas ganz anderes. Es ist der unerklärliche Rest, und der ist bei der Mystik sehr groß, manchmal sogar überwiegend.

Wenn ich vom Verborgenen spreche, so meine ich damit nicht etwas Geheimgehaltenes. Man kann etwas mit Absicht verbergen, weil man es dem anderen nicht gönnt. Mystik aber hat zum Verborgenen jedes Menschen eine Beziehung. Es ist die Verborgenheit in uns, wo wir uns selber nicht kennen, die wir nur ahnen können: der große Bereich des Nichtbewußten. Wir wissen von ihm aus der Psychologie, wo er in vielen Unterteilungen begrifflich zu fassen gesucht wird und dann »das Unbewußte«, »das kollektive Unbewußte«, »das Ich«, »das Über-Ich« usw. heißt. Ich nenne dieses ganze große Gebiet, in das durch Wissen nicht hineinzukommen ist, das Nichtbewußte. Dort, so kannst du bei dir selber spüren, bist du als Mensch einmalig. Das gilt für jeden, auch für den, der in den Augen der anderen ein Dummer ist. Was weißt du, was in diesem »Dummen« umgeht in seinem Leben? Wie groß seine Träume sind, wie stark seine Sehnsucht ist? Weil er nicht raffiniert genug ist für das Spiel des Intellektuellen, nennt man ihn dumm. Von Mathematik, Chemie oder Philosophie versteht er vielleicht gar nichts, aber sonst kann er ein reiches Leben haben, schöne Tagträume, und in praktischer Hinsicht sehr begabt sein.

Also, diese Verborgenheit ist ein Bereich, den alle gemeinsam haben, aber keiner weiß vom anderen, wie dessen Verborgenheit aussieht. Nicht einmal von deiner eigenen Verborgenheit weißt du etwas. Du wagst dich da auch nicht hinein, weil du schon manchmal vor dir selber erschrickst, wie dann erst vor den anderen! Vom anderen weiß man nur, daß er Verborgenes hat; wie es aber funktioniert, bleibt ein Geheimnis.

Die Entdeckung des Nichtbewußten in der Psychologie

Es gibt also das Verborgene. Wie aber kann man hineingelangen?

In der Psychologie wurde vor allem in den letzten hundert Jahren versucht, diesen Bereich uns näher zu bringen. Man bediente sich dabei naturwissenschaftlicher Methoden, denn die ersten Psychologen waren, mit einigen Ausnahmen, Ärzte, Naturwissenschaftler, Biologen. Also haben sie Methoden aus ihren Fächern benutzt, um an bestimmten Phänomenen das Verborgene im Menschen zu untersuchen. Begriffe wie »das Unbewußte« oder »Archetypen« wurden geprägt, man beschäftigte sich mit Träumen. Man erkannte bald, daß es im Menschen noch viel mehr gibt als das, was als das Normale gilt.

Das Normale, das ließ sich mit dem Verstand untersuchen, da gab es objektive Maßstäbe, z.B. um festzustellen, ob einer ein gutes Gedächtnis hat und ob er imstande ist, Gehörtes gut in Worten zu reproduzieren, nachzureden, nachzuplappern, könnte man fast sagen. So einer hat die Chance, eine gute Note zu bekommen. Wer aber darunter leidet, daß er rasch vergißt, zerstreut ist, dem müßte man raten, lieber nicht zu studieren, keine wissenschaftliche Laufbahn einzuschlagen. Was also diesen Bereich angeht, sah man schon bald klar.

Aber über dieses Andere im Menschen ließ sich, das spürte man, nicht so klar urteilen. Man entdeckte dort Störungen, Geistesstörungen, Neurosen, Psychosen, Phobien, Schizophrenie –, um nur einige der vielen Namen zu nennen, die im Lauf der Zeit in die Welt geschickt wurden. Man entdeckte zum Beispiel auch, daß der Mensch außerordentlich gescheit sein kann und gleichzeitig in geistiger Hinsicht sehr labil. Ein guter

Mensch muß gar nicht mit einem intellektuellen Menschen identisch sein, ein böser aber auch nicht. Man spürte, in diesen Bereich, den ich jetzt einmal das Verborgene nennen will, ist mit rationalen Methoden kein Zutritt zu erlangen.

Das Jenseits im Menschen

Mystik ist also, könnte man sagen, das Gebiet im Menschen, wo sich mit der Wissenschaft nichts erreichen läßt. Man kann Mystik nicht studieren. Was man allerdings studieren und wissenschaftlich beschreiben kann, sind Leben und Werk von Mystikern, ihre historische Einordnung, ihre Zugehörigkeit zu bestimmten Strömungen, ihre Themen usw. Aber die Mystik selbst wie eine Naturwissenschaft studieren zu wollen, geht, glaube ich, nicht. Was nicht etwa besagen will, daß in der Mystik die Vernunft, der Verstand ausgeschaltet wären – ganz und gar nicht!, denn da käme, spürt man, nur Unsinn heraus.

Das Mystische ist, könnte man sagen, das Jenseitige in unserem Leben. Es ist jenseits dessen, wo wir wahrnehmen und daraus schlußfolgern können. Aber dieser jenseitige Bereich in uns ist nicht antirational, antikausal oder irgendwie vage, wo alles an Spekulationen oder Hypothesen erlaubt wäre, weil ja keiner etwas beweisen kann.

Wir müßten, glaube ich, uns selbst einmal an zwei Seiten sehen, wie ein Paradoxon. Hier im Konkreten lebend, mit allem Drum und Dran, und gleichzeitig dort im Verborgenen lebend, wo vielleicht unser Ich zu Hause ist. Hier *spielst* du nur ein Ich, spielst dir selber vor, was du sein möchtest. Du denkst, du bist das, weil du gern von den anderen anerkannt, geliebt werden möchtest, wenigstens nicht gehaßt. Du glaubst, du mußt eine Rolle spielen; gleichzeitig weißt du, daß du damit dein Wesentliches verschüttest, dein Ich, das, was du eigentlich bist, wovon du nicht einmal zu träumen wagst. Von dieser Verborgenheit des Menschen möchte ich hier sprechen.

Jüdische Mystik

Die jüdische Mystik basiert auf der Bibel, auf dem, was im Judentum die Thora genannt wird, ein Wort, das man mit »Unterrichtung«, »Unterweisung« oder »Lehre« übersetzen könnte, das aber auch ein Sich–öffnen meint, ein Schwängern, eine Verborgenheit. Als schriftliche Thora umfaßt sie die Bibel von der Genesis bis zu den letzten

Propheten. Beim Christentum kommt dann noch das Neue Testament hinzu; aber es ist natürlich klar, daß sich die jüdische Mystik nicht auf das Neue Testament beziehen kann. Wir werden aber sehen, wie vieles erst klar werden könnte, wenn wir das wohl versuchen. Ein Ausgangspunkt aber ist es also nicht.

Ich sprach von der schriftlichen, also der geschriebenen Thora. Im religiösen Judentum wird die Auffassung, sie sei von gewissen Leuten geschrieben, von sogenannten Redaktoren dann so festgelegt worden, abgelehnt. Nicht um geschichtliche Darstellung geht es – auf diesen König folgte jener, und nach diesem Krieg kam dann ein anderer –, sondern das Ganze ist, wie gesagt wird, vom »ruach ha-kodesch« inspiriert, vom »heiligen Geist«, so die Übersetzung dieses hebräischen Ausdrucks. Das will sagen, es ist nicht etwas bewußt Geschriebenes, sondern inspiriert. Von Inspiration spricht man auch beim Kunstwerk, und, obwohl der Vergleich sehr hinkt, man könnte sagen, die Bibel ist wie ein Kunstwerk aus Inspiration entstanden, nicht aus Konstruktion. Die geschriebene Thora, sagt man, ist so festgelegt. So wurde es inspiriert, und darum kann kein Strichlein, kein Jota, weggenommen oder geändert werden, weil es so in der Verborgenheit des Menschen, der Welt lebt.

Wissen wir, was in unserem eigenen Verborgenen alles lebt? Es heißt doch – ich zitiere sinngemäß aus dem Deuteronomium –: Wer wird in den Himmel steigen, um uns das zu erzählen? Oder jenseits der Meere fahren, um von dort aus es uns mitzuteilen? Nein, heißt es, in eurem Mund, in eurem Herzen ist es. (5. Mose 30, 12-14). In uns selber also finden wir es, in unserem Leben, im Dasein, in unserer Existenz. Unser Sein selbst – das ist die Inspiration der schriftlichen Thora.

Die mündliche Überlieferung im Judentum

Neben der schriftlichen Thora gibt es einen Komplex, viel umfangreicher als diese, den man die mündliche Thora nennt. Der Ausdruck will nicht sagen, daß es sich dabei um bis heute nur mündliche Mitteilungen handelt. Vielmehr ist dieses mündlich Überlieferte schon längst zum weitaus größten Teil aufgeschrieben worden, längst auch gedruckt, zumindest sind Manuskripte da. Und dann gibt es immer auch noch Geschichten, die weitererzählt werden. Von diesem ganzen Komplex wird auch gesagt, daß er inspiriert sei, also aus dem Bereich des Verborgenen stamme. Diese mündliche Thora kommt von Mose am Sinai, wie es im Judentum heißt. Vierzig

Tage und Nächte habe Gott mit Mose am Sinai gesprochen.

Konkret ist das natürlich kaum vorstellbar, und man soll das auch gar nicht historisch verstehen. Wie auch mit dem Sinai in erster Linie ein Ort im Leben gemeint ist und nicht ein geographisch feststellbarer Ort. Gewiß gibt es den Sinai auch auf der Landkarte; denn alles, was dort, was jenseits ist, das gibt es auch hier. Meine Verborgenheit zum Beispiel ist auch hier da. Sie äußert sich in meinem Verhalten. Ich bin genau so groß, wie meine Verborgenheit mich wachsen läßt, bewege genau so meine Hände, wie meine Verborgenheit das Verhalten meiner Hände dirigiert. Wenn ich anfange, selber bestimmen zu wollen, wie ich meine Hände halten soll, gibt es Schwierigkeiten. Einige Zeit gelingt es mir vielleicht, bald aber werde ich müde und gebe es auf. Also, ich handle, wie es mir gerade ist, aus meiner Verborgenheit.

Das Verborgene manifestiert sich hier also. Und den verborgenen Sinai gibt es auch hier auf Erden.

Nun läßt sich aber aus dem Verhalten meiner Hände doch nicht ablesen, wer ich bin. Es gibt da noch viel mehr. Mein Lächeln zum Beispiel. Ich selber weiß oft nicht, ob es bitter ist oder süß. Ich selber weiß nicht, wer ich bin und wie ich bin. Wie soll das dann ein anderer wissen können?

Sinai, der verborgene. Jerusalem, das verborgene. Man spricht auch vom oberen Jerusalem und vom unteren. Es gibt eine Verbindung. Wie diese Verbindung auch zwischen meinem Verhalten – die Bewegungen meiner Hände, die Art meines Stehens und Redens, die Höhe meiner Stimme, die Art, wie ich artikuliere – und meiner Verborgenheit besteht. Graphologen glauben, man könne aus der Handführung beim Schreiben auf den Charakter eines Menschen, seine Lebensweise schließen. Nun, vielleicht ist das möglich, ich habe manchmal ganz frappante Beispiele gesehen.

Die mündliche Thora. Man könnte von ihr wie von Träumen sprechen, inspirierten. Inspirationen, Träume des Menschen, aus denen Geschichten hervorgingen. Wie aus den Träumen seines Verborgenen seine Bewegungen und sein ganzes Verhalten hervorkommen.

Wann genau begonnen wurde, diese mündliche Thora aufzuschreiben, weiß man nicht; aber so ungefähr vor etwas mehr als zweitausend Jahren wird es gewesen sein. Es dauerte dann einige Jahrhunderte und geht, kann man sagen, noch immer weiter. Manche bis jetzt mündlich tradierten Mitteilungen werden auch heute noch aufgeschrieben und gedruckt. Ein riesiger Komplex – der ganze Talmud gehört dazu, Midrasch und Kabbala –: die jüdische Mystik.

Urträume

Von der Verborgenheit ist also doch so manches bekannt: Träume, uralte Inspirationen, in jedem Menschenleben vorkommende Urträume, archetypische Träume. Wir sehen immer mehr, daß es hier eine Art Urmodell gibt, an dem unser Verhalten sich orientiert, von dem unsere Erlebnisse geprägt sind.

Ob auch heute noch solche Urträume aus dem Menschen hervorkommen? Vielleicht; das ist nicht mit Ja oder Nein zu beantworten. In der Mystik ergibt sich die entscheidende Beziehung nicht aus wissenschaftlicher Beweisführung, sondern aus dem Gefühl, daß einem etwas nah ist oder eben nicht. Mystisches ist deshalb nicht von vornherein mit Gutem gleichzusetzen, weil es von Urträumen herkommt und dem Gefühl einer Nähe. In der Verborgenheit lebt das *ganze* Weltall in Zeit und Raum mit Gut und Böse. Aus dem Verborgenen kommt auch Dämonie, kommen auch Zwangsvorstellungen, Ängste. Also nicht etwas schon für gut halten, nur weil es aus der Verborgenheit kommt!

Im Verborgenen des Menschen lebt die ganze Welt. Also auch die Lüge. Ein Mystiker könnte auch ein Lügner sein, ein Geschäftemacher. Und dennoch könnte man sich zu ihm hingezogen fühlen. Mit Argumenten ist dem schwer beizukommen. In erster Linie geht es hier um Affinität, Sympathie, Verwandtschaft, Gemeinschaft. Sie kennen sicher das Wort von der »Gemeinschaft der Heiligen«, an die ich hier gleich denken muß. Da gibt es natürlich keine Kartei, in der die Mitglieder verzeichnet sind.

Hier ist also etwas ganz anderes im Gange. Ein Mystiker kann leiden, weil gewisse Menschen nicht verstehen, nie verstehen. Er kann sich aber auch sehr auserwählt fühlen im Glück. – Ich habe einen Palast voller Schätze; keinen materiellen mit materiellen Schätzen, mit politischer Macht, sondern einen Palast einer Einsamkeit, aber eines Reichtums, der nicht abzuschätzen ist. Ich fühle mich ganz herrlich auserwählt, ohne den anderen zu schaden. Ich strahle vor Glück. – Und man weiß objektiv nie, ob das nun wahr ist oder nicht. Man könnte sagen, er strahlt, aber was er sich vorstellt, ist ganz falsch, er weiß von dem und dem nicht, usw. Man kann hier keine Beweise führen, nicht überzeugen.

Es gibt in der jüdischen Mystik also einen Komplex vom Wissen von Urträumen. Nun kann dieses Wissen auf die Art des Wissenschaftlers akzeptiert werden, der es analysiert und festlegt, in Zeit und Raum lokalisiert. Oder aber es kommt zu einer Beziehung, wo mir die Geschichte dann viel mehr sagt, und dann ist es mir vollkommen gleichgültig, wann und wo das war. Es ist eine allen gemeine Geschichte, in der sich die Welt, die Menschheit ausdrückt.

Ich kann in der heutigen Zeit leicht ein Beispiel einer solchen allgemeinen Geschichte geben, die gar nicht direkt aus dem Judentum kommt, aber schon über Freud bekannt geworden ist: die Ödipusgeschichte.

In ihr kommt ein Typus der Menschheit und des Menschen zum Ausdruck. Das Verhalten des Menschen zu seinen Kindern, zu seinen Eltern, zu seinen Lehrern, zur Weisheit, zur Welt überhaupt – all das und vielleicht noch viel mehr könnte im Rahmen der Ödipusgeschichte gefaßt werden. Aus solchen Geschichten, griechischen, ägyptischen, assyrischen, chinesischen, japanischen, indianischen usw., besteht die Mythologie.

Die Wahrheit des Mythos

Natürlich gibt es derartige Geschichten auch im Judentum. Nur werden sie da nicht Mythen genannt, weil man zum Teil immer noch glaubt, Mythologie sei unwissenschaftlich, unwahr, bestenfalls ein Objekt, um zu untersuchen, wie die Menschen früherer Zeiten erzählt haben.

Gewiß sind dann diese jüdischen Erzählungen genauso »unwahr« wie die übrige Mythologie; und auch die Bibel muß aus der Sicht wissenschaftlicher Kriterien »unwahr« genannt werden. Zu beweisen, daß Engel und Propheten hier auf Erden waren, wäre sehr schwer. Die Geschichtsschreibung Ägyptens weiß zum Beispiel nichts von Mose, gar nichts. Erst viel später, als Mose durch die Bibel bekannt geworden war – vor ungefähr zweieinhalbtausend Jahren –, wußte man dann von ihm: »Die Juden sagen so, aber wir wissen davon nichts ...«. Dasselbe gilt von Abraham, von Josef, von David, die als geschichtliche Gestalten nur in Erscheinung treten, wo man die Bibel historisch nimmt.

Ich würde sagen: Gewiß gab es den Mose, so gewiß, wie es mein Ich gibt. Ich stehe doch hier – aber bin ich *nur* der, der hier steht? Schon, ich bestehe hier, lebe eine gewisse Zeit. Aber wer ich wirklich bin, in Ewigkeit, weiß ich kaum selber, kann ich nur hoffen, ahnen.

Es sind also diese Geschichten der jüdischen Mystik, aus denen man den Menschen erkennen kann, den Menschen überhaupt, das Verborgene im Menschen.

Von dort her möchte ich nun ein Thema besprechen, das in der Mystik »der Weg« genannt wird.

Beim Lesen und Hören dieser Geschichten waren mir immer meine Erlebnisse dabei entscheidend. Und es hat mich nie sehr interessiert, was die Wissenschaft so wichtig nimmt, wann genau und von wem ein Text verfaßt wurde, ob der Verfasser von griechischem oder römischem Denken beeinflußt wurde, von der Gnosis, von den Pythagoräern, wie diese Einflüsse zustandekamen, usw. Mir waren diese Geschichten *Erlebnis*, und ich möchte davon im Sinne einer lebendigen Mystik weitererzählen. Ich bin kein Mystiker, ich bin ein Mensch wie jeder, aber Mystik ist mir ein großes Anliegen. Ich mag das Verborgene, und ich spüre, daß Träume, Wünsche und Hoffnungen zum Verborgenen gehören.

Der Mensch, unverstanden und einsam

Der Mensch, so wird vom Weg erzählt – und ich erzähle es jetzt in heutiger Sprache –, der Mensch lebt in einer Welt, wo er sich unverstanden fühlt; seine eigene Verwandtschaft, ja sein Nächster verstehen ihn nicht. Er fühlt sich eigentlich krank wegen dieses Unverständnisses, und er spürt, daß auch er einen anderen nur äußerlich verstehen kann. Nicht weil der andere nicht will, daß ich ihn nicht verstehe, sondern weil mir der Schlüssel fehlt, bleibt das Verstehen an der Oberfläche. Den »Öffner« – so nennt das Hebräische den »Schlüssel« –, das Tor zum anderen zu öffnen, den habe ich nicht. Die

Begegnung gleitet ins Äußere ab. Oft hindern auch die Regeln der Gesellschaft, die zum Schutz vor Belästigungen eingeführt wurden.

Ausgangspunkt mancher alter Geschichten ist der einsame Mensch, der Mensch, der sich in der Gesellschaft einsam fühlt, weil er, wie es heißt, in den anderen »nicht lesen kann«. Das will sagen, wir sehen nur das Äußere. Wir sehen zwar Zeichen, wissen aber nicht, wie man sie ausspricht. Wir sind dann wie ein Analphabet. Die Welt ist kalt für uns, und wir spüren, wenn wir nur den gesellschaftlichen Verkehr pflegen, um durchzukommen, dann ist diese Welt wirklich ein Tränental, wo man nur leidet und Unverständnis erlebt.

Du möchtest dann – so erzählen die alten Geschichten – gerne »Hirte« sein. Ein Traumbild, dessen Deutung lautet: Du möchtest gern die Vielheit deines Lebens – deine »Herde« – im Zusammenhang sehen. Sei es, daß du dein Besitztum hütest, sei es, daß du die Herde eines anderen hütest und dann ein treuer, ein »guter Hirte« bist. Die vielen Erlebnisse deines Lebens bringst du zusammen. Aber das Ganze des Zusammenseins mit den anderen Hirten bleibt dir fremd. Du bist Analphabet, einsam.

Die Geschichte von Akiba

Die Geschichte, die ich Ihnen jetzt weitererzählen will, handelt von einem Menschen mit Namen Akiba. Er sei, heißt es, ein Hirte im Dienst eines reichen Mannes gewesen, dort im alten Israel, in Palästina, wie man das zu jener Zeit nannte, vor nicht ganz zweitausend Jahren. Und er war ein Analphabet und stammte nach der Überlieferung von einem »Heiden«. Sein Vater hieß Joseph und war ein Proselyt, also zum Judentum übergetreten. Ursprünglich war es ein kanaanitisches Geschlecht mit einem Feldherren, der am Anfang des Buches Richter genannt wird, dem Sissera – also ein Gegner des damaligen Israel und Juda. Diese Herkunft des Akiba ist schon ein Hinweis, daß keiner diese Geschichte mit dem Gefühl hören soll, der Held sei ja schon von Hause aus ein Erwählter. Es bedeutet, wenn das, was da erzählt wird, einem Akiba nicht fremd ist, dann könnte es auch dir, gleich welcher Herkunft du bist, heimisch sein.

Akibas »Analphabetentum« will also sagen, daß er die Menschen nicht zu »lesen« versteht. Er gleitet an ihrer Oberfläche ab, und er möchte sie doch so gern »lesen«. Und er möchte auch so gern in die Welt hineinlesen: Was ist eine Blume, eine Pflanze? Nicht ihre Heilkraft, ihr Nährwert, ihr Wohlgeschmack – das ist nützlich und dient unserem Wohlbefinden –, aber die Blume selbst, die Pflanze, was ist ihr Leben, ihr Eigenleben?

»Lesen« bedeutet, das *Leben* der Menschen, der Tiere, der Pflanzen, der Geschehnisse kennenzulernen, nicht nur ihr Nützliches oder Schädliches zu berücksichtigen.

Und mit dieser Sehnsucht, heißt es, fängt der Weg eigentlich an, der Weg zum eigenen Ich, zum Verborgenen, um die große Freude zu erleben, von Tag zu Tag das Gefühl: Alles ist mir eigentlich unvergleichlich gut! Dann kommt ein Reichtum, den keiner wegnehmen kann. Was du gibst und was dir genommen wird, mehrt nur deinen Reichtum. Jetzt, in dem Gefühl, daß es gut ist, kennst du die Welt, kannst »lesen« und »schreiben«, fühlst dich in ihr zu Hause.

Es fängt also an mit der Sehnsucht des Menschen. Ein moderner Psychologe würde von der Einsamkeit in der Masse sprechen, einer Verlassenheit. Keiner bemüht sich, mich kennenzulernen, immer nur kurze Beziehungen, wenn man mich *braucht.* Immer wieder fühlst du dich dann wie eine Zitrone – ausgequetscht und weggeworfen. Das macht aggressiv. Jeder empfindet so in seiner Einsamkeit in der Menge, obwohl er doch fließend lesen und schreiben kann. Gewiß, unzählige Bücher heute, zahllose Bibliotheken. Aber lesen und schreiben im Sinne der Mystik kann er nicht.

Am Beginn des Weges: Akiba der Hirt. Er entdeckt bei seinem Herrn, wird erzählt, die Tochter. Nun, wir kennen das aus dem Märchen: der arme Hirte entdeckt die Prinzessin. Und wie das dann so geht, wenn der Herr erfährt, daß auch die Prinzessin mit dem armen Hirten, dem Analphabeten, liebäugelt, sagt er: Das kommt auf keinen Fall in Frage, niemals! Aber die beiden heiraten insgeheim.

Und die Frau sagt zu ihm: Ich werde deine Frau sein, wenn du jetzt in die Schulen der Weisen gehst. – Damit sind natürlich nicht Gelehrtenschulen gemeint, wo brave Rabbiner mit langen Bärten und Schläfenlocken sitzen, und auch nicht Schulen in der Art unserer Universitäten, wo die Studenten brav zuhören und Wissen ansammeln. – Du wirst, sagt ihm seine Frau, dort nicht nur lesen und schreiben lernen, du wirst den Zusammenhang der Welt erfahren. Als Hirte hattest du Sehnsucht nach dem Zusammenhang im Leben. Geh nun lernen und komme zurück. Und es wird erzählt, daß sie ihre prachtvollen Haare abschneidet und verkauft, damit er vom Erlös in ferne Länder ziehen und bei den Weisen lernen kann.

Man versteht schon, daß es bei diesem Haarverkauf nicht nur um den bescheidenen Geldwert geht, den man vielleicht dafür bekommen kann. Das Kind in uns, das

Märchen und Mythen ohne Schwierigkeiten erlebt, weiß, daß hier von einem Geheimnis die Rede ist.

Also macht sich Akiba auf den Weg in die Lehrhäuser. Seine Frau, vom Vater verstoßen, bleibt allein zurück. Und, um einmal vorzugreifen, dieser Weg führt ihn eigentlich zu sich selber, indem er ihn zu Gott führt. Indem er Gott findet, findet er sich selber, und indem er sich selber findet, findet er Gott. Es kommt zu einem Gegenüber wie Gesicht und Spiegelgesicht, oder zwei Gesichter in entgegengesetzter Richtung blickend.

Der Weg führt aus der Einsamkeit in der Menge zu einer neuen Einsamkeit, wo die ganze Welt in einem selber ist, und gleichzeitig der Mensch doch in der Welt lebt. Welcher Reichtum, denn die Welt ist in dir, wie du auch in der Welt bist! Wie es heißt: Gott in dir und du in Gott.

Diesen Aspekt der Geschichte vom Weg wollen wir nun kennenlernen: Wie der Mensch zu sich selber findet und die Verborgenheit in sich kennenlernt. Sie ist ihm dann kein fremdes Gebiet mehr, sondern er fühlt: dort ist mein Zuhause. Und wenn er in die Welt hineingeht, weiß er sich mit seinem Zuhause verbunden.

Die Welt sucht ihren Sinn

Der Name Akiba weist im Hebräischen auf den Begriff der Alternative hin, auch der »Ferse«. Man geht alternierend mit linker und rechter Ferse. Immer zeigt sich die Alternative im Menschen: das Verborgene und das Erscheinende, die Quelle und das Verhalten, der Mythos und das Wissenschaftliche, usw.

Akiba fängt seinen Weg an und lernt tatsächlich lesen und schreiben. Er lernt, in die Dinge hineinzuschauen, Farben zu »lesen«, Töne. Er erfährt eine neue Welt und spürt in ihr Großartiges. Jetzt fühlt er sich akzeptiert und empfindet Gemeinschaft, das Gemeinsame. Da überkommt ihn die Sehnsucht zurück nach seiner Frau.

Nachdem er weggezogen war, hat er viel erlebt auf dem Weg. Geschichten im Babylonischen und Jerusalemischen Talmud und im Midrasch erzählen von diesen Erlebnissen. Verschiedentlich hat man sie auch gesammelt. Im vorigen Jahrhundert erschien von Marcus Lehmann »Die Geschichte von Rabbi Akiba und seiner Zeit«, die zum Klassiker der jüdischen Jugendbuchliteratur geworden ist. Darin sind viele dieser Geschichten enthalten, aber alles sehr umgeformt für Jugendliche zur »sittlichen« Erziehung.

Akiba zieht es also zu seiner Frau zurück. Und im

Mysterium bedeutet die Frau die Welt, Mutter Erde, auch die Materie, wie es sich im Wort zeigt: »mater«, »materia«.

Daß er sich nach seiner Frau zurücksehnt, bedeutet, er möchte so gerne im Erscheinenden darstellen, was er im Verborgenen spürt. Im Verhalten des Menschen will es sagen, man sucht jetzt den Faden, der Jenseitiges und Diesseitiges verbindet. Im Hebräischen ist »Mann« und »männlich« identisch mit »erinnern« und »von innen«, während das Weibliche die »Höhle« bezeichnet, das Umhüllende. Der »Mann«, der die »Frau« braucht, bedeutet: Der Mann möchte sich gern in der Welt zeigen und erfahren, wie das Verhalten mit dem Verborgenen zusammenhängt. Und die »Frau«, die sich nach dem »Mann« sehnt, bedeutet: Die Welt möchte ihren Sinn erfahren.

Zum Beispiel die Farben. Wir freuen uns an ihrer Schönheit, aber Goethes Farbenlehre etwa läßt uns etwas von ihrem Sinn erfahren. Und weiter haben die Romantiker über die Farben viel nachgedacht und geträumt. All das hat dann die Wissenschaft wieder verschüttet, wo die Farben auf ganz andere Art untersucht werden. Und es geht noch weiter. Die Fragen, die man an die Farben hat, hören nicht auf. Wie hängen die Farben mit den Erscheinungen zusammen? Was bedeutet das Spektrum?

In meinem Buch »Wunder der Zeichen – Wunder der Sprache« habe ich zum Beispiel den Zusammenhang der Farben mit den Vokalen in der Sprache beschrieben; zwischen Vokalen und Farben gibt es nach der Überlieferung sehr nuancierte Zusammenhänge.

Also, die Welt sucht ihren Sinn. Mich interessiert sehr der Sinn des Krankseins, des Gesundseins, des Müdeseins, des Schlafs. Ja, sogar der Sinn des Unsinns interessiert mich.

Im Bild bedeutet diese Suche nach dem Sinn: die Frau sucht den Mann.

Das Geheimnis des Haares

Nun, die Tochter dieses reichen Mannes, der in der Überlieferung Kalba Schwua heißt, die von ihrem Vater doch verstoßen wurde, sehnt sich sehr nach ihrem Mann. In ihrer Umgebung spottet man: Wo ist jetzt dein Mann? Hast du nicht seinetwegen dein Haar verkauft, und dann ist er einfach weggezogen! – Immer, wenn man sich nach einem Mann sehnt, spottet die Welt auf diese Art.

Was ist nun die Bedeutung des Haares in der Mystik? Es wächst, sagt man, dort, wo beim Menschen die Öffnung für die Verbindung zum Jenseitigen ist, zum Verborgenen. An der Stelle des Haupthaares sind, heißt es, die Augen des Menschen, mit denen er durch Zeit und Raum sehen kann. Das Haar hält diese Stelle besetzt, und seine Schönheit ist Ausdruck der Pracht dieser Welt. Deshalb schätzt man das Haar der Frau so hoch. Von diesem Haar trennt sich die Frau Akibas, weil sie sich nach der Pforte sehnt, wo das Jenseitige Einlaß erhält.

Im Hebräischen wird das Wort für Haar und das Wort für Tor, Pforte, gleich geschrieben, nur verschieden ausgesprochen. »Scha–ar«, Pforte, wo das Jenseits Verbindung hat zum Diesseits, und »sa–ar«, Haar. Sch wird zu S. Wie bei diesem aus dem Buch Richter bekannten Losungswort »Schibboleth«, das ein Durchkommen ermöglicht; wer aber »Sibboleth« ausspricht, ist als Feind erkannt und wird getötet (Richter 12,6).

Das Haar, die Pracht der Welt, gibt sie hin, damit ihr Mann lesen und schreiben lernt, den Sinn der Welt von den tiefsten Tiefen bis zu den höchsten Höhen erfährt, die Einheit des Ganzen. Komme erst zurück, hat sie gesagt, wenn du ein großer Weiser geworden bist. Und jetzt, wo sie allein ist, muß sie den Spott erdulden. Wo eine große Sehnsucht herrscht, reagiert die Welt mit Spott. Der Einsame wird nicht verstanden. Auf die Sehnsucht des Innern antwortet die Welt des Erscheinenden, die Gesellschaftswelt mit einem spöttischen Lächeln.

Akibas Rückkehr

Akiba kommt nun, so erzählt die Geschichte weiter, nach langer Zeit mit vielen Schülern, die er auf dem Weg gewonnen hat, zurück. Er ist jetzt ein großer Gelehrter, und niemand, auch seine Frau nicht, erkennt in ihm den armen Hirten, als der er weggezogen war. Und Akiba hört, wie seine Frau ihren Bedrängern und den Spöttern so antwortet: »Wenn er zurückkäme und hätte nicht all die Schüler, die er haben könnte, würde ich ihn wieder wegschicken und sagen: Komm erst wieder, wenn du alle hast!« Da wird sie noch mehr verlacht. Akiba aber, wie er das hört, beschließt, sich nicht zu erkennen zu geben und erneut wegzuziehen, um wahr zu machen, was sie gesagt hat. Nach weiteren 24 Jahren kommt er, wieder unerkannt, mit 24000 Schülern zurück.

Man spürt bei solchen Angaben schon gleich, daß es sich um eine mythische Geschichte handelt. Es wird hier von einer Doppelheit der 12 erzählt, und die 12 bedeutet doch das Erscheinen der Zeit. 24 – das wäre dann also nicht einseitig, sondern doppelseitig, und das will sagen, nicht nur Zeit, sondern auch Sinn der Zeit, ein Durchschauen der Zeit, ein Hineinschauen in die Zeit. 12 Monate, also 12 »Erneuerungen«, im Sonnenjahr: 12, die man sieht, und 12, die man nicht sehen kann.

24000 Schüler kommen mit ihm. Jetzt wissen es alle: das ist der große Weise in Israel. Kalba Schwua, der doch seine Tochter verstoßen und deshalb Gewissensbisse hat, wendet sich an diesen Weisen: »Ich bereue, daß ich meine Tochter wegen eines Analphabeten, eines Hirten verstoßen habe. Was wird wohl aus ihm geworden sein? Ich möchte, daß er zu meiner Tochter zurückkommt. Ich wäre schon damit zufrieden, wenn er wenigstens einen Segensspruch sagen und lesen könnte.« Da offenbart sich ihm der große Akiba: »Ich bin dein Schwiegersohn.«

Ein märchenhaftes Ende also. Natürlich wird ein großes Fest gefeiert, und alle sind wieder glücklich vereint.

Damit ist die Akibageschichte aber noch lange nicht zu Ende. Die Alternative meldet sich. Wir haben im Leben jetzt die schöne Seite erfahren, die Zusammenhänge, die 12 und die 12. Die gute, die treue Frau haben wir erlebt, das Geheimnis der Welt und die Größe Gottes und seiner Schöpfung.

Gespräche mit Turnus Rufus

In einem anderen Talmudtraktat wird die Geschichte weitererzählt. Dort im Lande gibt es, wird da gesagt, einen römischen Statthalter, der den Kaiser in Rom vertritt. Die Geschichte spielt im ersten Jahrhundert unserer Jahreszählung. Und als Römer, als Mann der Gesetze, möchte dieser Statthalter den Akiba gerne davon überzeugen, daß die Welt des Kaisers mit der Vielfalt der römischen Götter die einzig wahre ist. »Haben wir nicht recht?« sucht er ihm zu beweisen, »du siehst doch, wir beherrschen die Welt, wir sind das Weltreich, alle Reiche sind uns untertan.«

Aber er kann Akibas Zustimmung nicht erreichen, es gelingt ihm einfach nicht, Akiba mit seinen Argumenten zu zermürben. Hartnäckig weigert er sich, entgegnet mit ganz anderen Überlegungen, bringt Gegenbeweise. Nach solchen fruchtlosen Bemühungen kommt dieser Statthalter, der im Talmud den Namen Turnus Rufus trägt, jedesmal ganz verstimmt nach Hause. Dort erwartet ihn seine Frau, die schönste Frau der Welt, wie es heißt. So schön und verführerisch sei sie, daß kein Mann ihr widerstehen könne. Allein schon beim Aussprechen ihres Namens werde der Mann schwach.

Diese Frau nun fragt ihren Mann nach dem Grund

seiner Verstimmung. Und Turnus Rufus sagt: »Dieser Akiba macht mir das Leben sauer. Ich möchte ihn zum Römer machen, ihn überzeugen, daß unsere Götter die wahren sind, die rechten. Unsere Gesetze – da stimmt doch alles! Macht haben wir, und wir haben die Welt erobert – was will man mehr? Aber er widerspricht mir, will sich nicht überzeugen lassen.«

»Ist das alles?« sagt seine Frau. »Ich werde zu ihm gehen, da muß er kapitulieren. Wenn er mich sieht, kann er nicht widerstehen. Erlaube mir, ihn zu besuchen!«

Turnus Rufus, so wird erzählt, sei so eifersüchtig, daß er aus seiner Eifersucht lebt. Die Untreue seiner Frau ist seine Lebensfreude, und gleichzeitig leidet er unter der Eifersucht. Er liebt sein Leiden und will, daß die Frau ihn eifersüchtig macht.

Die Herausforderung durch die Römerin

Nun, diese schöne Römerin geht zu Akiba. Und im Talmud wird von einem sehr merkwürdigen Verhalten des Akiba bei dieser Begegnung erzählt. Es heißt nämlich, er spuckt aus, er weint und er lacht. Eine solche Reaktion hatte diese Frau noch nie erlebt, und sie möchte wissen, was das bedeuten soll.

Ich spucke aus, antwortet Akiba, weil ich weiß, daß diese Schönheit doch nichts ist, schwindet, verwest. Wie lange bist du da? Wo bist du hergekommen, wo wirst du sein? Ich weine aber auch, weil solche Schönheit vergeht. Und ich lache, weil ich spüre, daß das Unglaubliche geschehen könnte und du den Weg zurück findest, zu deinem Ich, wo du wirklich bist. (Der Mensch nämlich lacht immer dann, wenn er glaubt, das Unglaubliche könnte geschehen. Lachen ist eine Art Kurzschluß.)

Im Text heißt es dann nur noch, daß die Frau des Turnus Rufus die Frau von Akiba wurde.

Gar nicht so einfach zu verdauen, diese Mitteilung, auch wenn man zugesteht, daß man in »jenen Zeiten« eben zwei Frauen haben durfte. Da hat nun die erste Frau, die ihre Haare verkauft, damit er studieren kann, 24 Jahre gewartet und zum Dank dafür plötzlich eine schöne Römerin neben sich. Ein historisch Interessierter wird darauf wohl ratlos reagieren.

In der Mystik jedoch wird diese Geschichte wie ein Traum gesehen, der nach einer Deutung verlangt. Und dann bedeutet diese zweite Frau, die Römerin, die andere Seite im Menschen: die Frage nach dem Bösen, nach der Gemeinheit, nach dem Unrecht. Schön ist es, Macht zu haben, zu lügen und zu betrügen. Warum ist das? Und die Macht ist doch da. Die Lügner und Betrüger, die Gemeinen und die Harten bekommen die Macht. Was ist das Geheimnis dieser Macht? Ich habe das Schöne gesehen, jetzt aber sehe ich das Leiden. Und Akiba weint doch.

Wenn Akiba weint, dann will das sagen, er sieht das Leiden des Menschen. Nicht nur, daß die Schönheit der Frau des Turnus Rufus vergeht, verwest –, der Mensch selbst ist krank, denn er wird nicht verstanden! Was ist der Sinn des Nichtverstehens, des Negativen?

In den Religionen wird meist vom Sinn des Positiven gesprochen; das andere wird dann schon, heißt es, gut werden. Aber es ist hier im Augenblick eben gar nicht gut, die Menschen leiden, und es zeigt sich hier diese Macht. Akiba spuckt aus vor der Macht, denn er sieht, was sie ist. Er durchschaut die Schönheit dieser Frau. Und zu gleicher Zeit muß er weinen, weil er sieht, wie die Menschen leiden. Im stillen leidet jeder Mensch, mal mehr, mal weniger, und vielleicht auch gerade dann, wenn er glücklich ist wie Akiba und diese zwei mal zwölftausend Schüler hat. Das Mysterium der Frage nach dem Bösen berührt uns. Warum läßt Gott das zu und scheint ungerührt zuzuschauen, wenn die Menschen vor Qual schreien? Wir selber würden doch versuchen zu helfen, aber der Himmel bleibt kühl, antwortet nicht.

Und in der dritten Phase lacht Akiba, denn er spürt:

Wenn ich dieses Geheimnis ergründe, ist das Unglaubliche geschehen. Nicht nur das Klare ist beisammen und gehütet wie die Herde, sondern es ist dann auch etwas ganz Neues durchgebrochen, von jenseits der Zeit, jenseits der 12 und der 12. Fast könnte man sagen, der Dreizehnte ist dann gekommen. Die 13 und 13 stehen doch im Hebräischen für den Namen Gottes als »Herr«, die Zahl 26.*

Nun erst, wenn ich den Sinn des Bösen nicht auf ein Jenseits verschiebe, ist Gott im Ganzen da, der liebende, der barmherzige, der gnädige, der gütige Gott.

Die zwei Frauen, die er hat, bedeuten: Akiba begegnet der Welt in zwei Aspekten, der treuen, guten, stimmenden Welt und der Welt als Buhlerin, als untreuer Frau des Turnus Rufus, als schöner, glänzender, strahlender Dirne. Auch sie möchte erkannt werden, auch das ist, spürt man, die Welt. Nicht nur die eine Seite, sondern auch die andere, die Welt des Schmutzes und der Gesellschaft, der Wirtschaft, der Wissenschaften, der Umweltverschmutzung, der Kernenergie usw. Auch diese Welt müßtest du kennenlernen.

*Der Name »Herr«, der sich im Hebräischen mit den Zeichen Jod–He–Waw–He schreibt, in Zahlen 10–5–6–5, also 26. Siehe F. Weinreb: »Zahl, Zeichen, Wort. Das symbolische Universum der Bibelsprache«. Thauros Verlag Weiler im Allgäu

Es heißt nun, in diesem Moment beschließen Akiba und seine drei Freunde, den Weg zu Gott zu gehen, den Weg in das Geheimnis. Die Namen der Freunde werden auch genannt: Ben Asai, Ben Soma und Elischa ben Abuja. Zu viert also gehen sie.

Im Mythos begegnet uns diese Konstellation immer wieder: Der Eine und die drei. So zum Beispiel Hiob und seine drei Freunde, Abraham und die drei Besucher oder die drei Weisen aus dem Osten, die zum Vierten nach Betlehem kommen.

Den Weg also kann Akiba erst gehen, wenn er auch die andere Frau hat, wenn er die negative Seite der Welt, das Böse, einbezieht, indem er sich der Herausforderung stellt, die Auseinandersetzung nicht scheut. Es genügt nicht, das Negative nur abzulehnen und es dann mit Verboten dabei bewenden zu lassen. Selbstverständlich soll man nichts Böses tun, aber oft kann man es nicht lassen. Wenn man schon gegen das Böse wettert und das Verhalten der Menschen kritisiert, könnte man sich auch einmal fragen, was das Böse denn überhaupt ist. Es gibt es doch, die Leute sind oft sehr niederträchtig. Was wollen die eigentlich? Und was bedeutet dann das Geheimnis, daß der Mensch im Bilde Gottes so ist?

Ja, wird dann unter anderem geantwortet, all dieses Niedere ist da, damit du dich davon abheben, lösen kannst; nicht indem du es nur kritisierst, sondern indem du dich auf die Suche nach Gott machst. Vielleicht spürst du, daß auch für die Welt anderes und Neues kommt, wenn du anderes und Neues erlebst. Denn ist nicht die Welt in dir, wie du in der Welt bist? Bist du denn imstande, zu den Milliarden Menschen, die in der Welt leben, hinzugehen und sie zu überzeugen? Selbst wenn dir gewaltige Medienmöglichkeiten zur Verfügung stünden –, man würde einfach den Sender wechseln, ein Fußballspiel ist interessanter. Und selbst wenn man willens wäre, dir zuzuhören –, wer versteht dich, wer kennt die Tradition deiner Sprache, die Bilder, die Beispiele, die du gibst? So, von außen also, geht es nicht.

Du aber als Mensch – das ist deine Auserwählung – kannst so leben, wie du möchtest, daß alle leben sollten. Immer ist es nur *ein* Mensch, welcher der Zeit die Prägung gibt, ein Noach, ein Abraham. Was weiß man von den Millionen anderen? Immer hört man nur von einigen, einzelnen: ein Joseph, ein Mose, ein David, ein Salomo, die Propheten. Einzelne also, nicht so sehr viele, sind da. Einzelne, nicht die Masse, bestimmen das Schicksal der Welt. Im Christlichen ein Jesus; die anderen oft schwankend, sich zurückziehend, wollen sich nicht kompromittieren. (Richtig, sagt man dann, die waren gescheit.)

Einer ist es, der die Welt verändert; die vielen gründen dann eine Organisation, legen Karteien an, usw. Der Eine aber war da, hat gelebt, gelitten, sich gefreut, wahrscheinlich *sehr* gefreut.

Das arme Leben, denkt man immer. Ich glaube, es ist das reichste Leben, das man sich vorstellen kann. Aus der Sicht der Gesellschaft mag es ganz unbedeutend sein, kein sozialer Status. Aber vielleicht gerade deshalb der reichste Mensch.

Die drei Freunde

Akiba, der diese andere Seite kennengelernt hat, fühlt sich sehr reich und wohl. Auch von seinen Freunden werden viele Geschichten erzählt. Der eine denkt, man müsse nur die Menschen gut kennenlernen, ihr Verhalten studieren, sich Wissen aus Büchern aneignen. Der andere lehnt das gerade ab. Es genüge, meint er, mit den Menschen zu verkehren, mit ihnen zusammenzusein. Und der dritte prüft ständig, ob das, was man auf dem Weg erfährt, mit dem übereinstimmt, was in der Bibel steht.

Alle drei Freunde sind, jeder auf seine Art, irgendwie einseitig. Das Doppelte, die beiden Seiten, hat nur Akiba.

Der Weg, heißt es, führt hinüber, bis ins Paradies. Das will sagen, bis zum Kennenlernen des eigenen Ich im Verborgenen. Ein Weg im Verborgenen, ein mystischer Weg, wie man sagt. Je weiter man kommt auf diesem Weg, desto weniger Menschen sieht man um sich herum. Man spürt immer mehr sich selber.

Wie aber geht man den Weg?

Nur Akiba geht ihn, indem er beide Seiten einbezieht. Ben Asai, heißt es, berücksichtigt nur eine der beiden Seiten und stirbt deshalb, wenn er zurückkehrt, in der »Hälfte seiner Tage«. Ben Soma, der auch nur eine Seite hat, wird verrückt, wird besessen. Und der dritte, Elischa ben Abuja, der immer nur schaute, ob das, was ihm begegnete, auch mit der Thora übereinstimmt, wird zum Spötter. Er sagt, es stimmt nicht, was in der Bibel steht, stimmt nicht mit der Welt, ich sehe keine Beziehung, es ist alles Unsinn.

Nur einer von den vieren kommt heil zurück: Akiba. Weil er beide Seiten hat.

Es bedeutet: den Weg nur gehen, weil es einem angenehm ist, das auch einmal kennenzulernen – das geht nicht. Dann liegst du gleich, heißt es, in den Armen der Frau des Turnus Rufus, die dich betört, indem sie sagt, alles ist doch so gut. Aber Akiba erlebt sie herausfordernd wie die Welt, spürt, daß es gar nicht gut ist und daß es gar nicht schließt. Und dennoch ist Gott der König.

Den Weg können wir also nur gehen, wenn wir das *ganze* Leben einbeziehen. Und nicht sagen: Gut, hier leiden wir, aber im Himmel werden wir dann Freude haben. – Ich glaube gewiß an die ewige Freude, aber ich möchte auch den *Sinn* des Leidens hier erfahren. Warum werden wir nicht so erschaffen, daß wir es hier schön haben und im Himmel dann noch mehr Freude? Wozu das Leiden hier?

Einer der Gefährten des Akiba, die auf dem Weg versagen, gibt darauf zur Antwort – und ich übersetze es gleich in unsere heutige Sprache –: weil die Welt sadistisch ist. Das Quälen gehört zur Welt, und das Quälen gehört zum Menschen, das ist ein Geheimnis der Welt.– Er fragt aber eben nicht, was das Leiden bedeutet, warum ein Mensch anfängt, den anderen zu quälen. Was *fehlt* dem Menschen, daß er quält?

Die Frage nach dem Bösen

Um den mystischen Weg gehen zu können, genügt es nicht, nur das Schöne und Stimmige, das Gute sehen zu wollen. Und es geht dabei auch nicht darum, das Geheimnis der Welt zu ergründen, sondern es zu *erleben*. Es gilt, das Geheimnis auf dem Weg mitzunehmen, die Frage, warum auch der Baum der Erkenntnis im Paradies ist. Und wenn er schon neben dem Baum des Lebens stehen muß –, warum dann die Schlange? Warum macht Gott die Schlange, wo er doch weiß, daß der Mensch versagen wird? Ist das nur sadistische Quälerei? Aber wozu dann?

Wenn der Baum der Erkenntnis schon da sein muß, und wenn dann ein Mensch die Frucht dieses Baumes nehmen will, dann könnte Gott doch einen Engel schicken, der zum Menschen sagt: Laß das sein, tu das nicht, du weißt doch, Gott will das nicht!

Aber kein Engel kommt. Im Gegenteil, könnte man sagen, eine ganze Reihe von Engeln lacht sich ins Fäustchen: Haben wir das nicht vorausgesagt? Klar, daß es so gehen wird, das mußte ja kommen!

Und gerade weil der Mensch nach dem Nehmen der Frucht vom Baum der Erkenntnis keinen Engel mehr sieht, nichts mehr von der anderen Welt weiß, sondern nur noch *diese* Welt sieht, ist die Aufgabe, vor die er nun gestellt ist, so groß, so tragisch, könnte man sagen.

Wenn die Welt sich ihm anbietet, sich geradezu ausschüttet über ihn –, wird er dennoch treu bleiben, glauben? Ich meine es in dem Sinn, daß der Mensch Momente erlebt, vielleicht nur wenige Momente, wo er *wirklich* glaubt. Denn eine Art von Nonstop–Glaube, Nonstop–Liebe oder Nonstop–Hoffnung scheint es nicht zu geben. Neben den Momenten, wo wir glauben, kennen wir auch andere, wo das gar nicht der Fall ist. Wir möchten vielleicht schon gern lieben, und lieben auch manchmal, aber dann kommen Zeiten wieder, wo uns das gar nicht gefällt. Und mit dem Hoffen ist es genauso.

Das Glaubenkönnen ist eine große Sache. Aber noch größer ist es, den Weg zu gehen, Akibas Weg mit den beiden Frauen.

Das Gute erfreut mich, das Böse ist mir ein Rätsel. Ich streiche es nicht, ich nehme es zur Kenntnis. Gott selbst läßt doch durch den Propheten Jesaja sagen: Ich habe die Finsternis erschaffen und das Licht gebildet, ich habe das Böse erschaffen und das Gute gebildet, ich selber. (Jesaja 45, 6 u. 7).

Ich nehme das Geheimnis, weil es von Gott ist, mit auf den Weg. Ich fange mit der Vielheit der Menschen an, ich als Akiba mit beiden Frauen: sowohl Alternative als auch beide als Einheit. Meine »Ferse« ist jetzt nicht mehr verletzbar, weil es das Entweder–Oder nicht mehr gibt; mit beiden bin ich unverletzlich, gehe den Weg und kehre zurück, unbesiegbar. Immer weniger Menschen brauche ich auf meinem Weg, und ich spüre, die anderen, die ich verließ oder die mich verließen, sind dennoch bei mir da. Ich habe sie erlebt, und so sind sie Bausteine meines Lebens, die Gene, die geistigen Gene meines Lebens, aus denen ich existiere.

Zwei Frauen am Brunnen

Am Ende sehe ich mich allein an einem Brunnen. Dort stehen zwei Frauen, die gute Seite und die böse Seite, der Baum des Lebens und der Baum der Erkenntnis.

Akiba ist jetzt am Brunnen, aus dem das Geheimnis hervorquillt, der Zeitstrom zu fließen beginnt. Er sieht die beiden Arten des Lebens und erfährt als große Freude: Diese beiden Frauen sind meine Erscheinung, ich diene Gott von beiden Seiten her, weil ich jetzt das Böse als von Gott kommend verstehe. Und ich begreife das Leiden, verstehe, daß die ganze Formwerdung mit Leiden zusammenhängt. Und dann steht Akiba auf einmal allein. Die beiden Frauen sind Teil seines Seins geworden. Er ist jetzt ganz allein Gott gegenüber. Und Gott sagt zu ihm: Du heißt doch Adam (im Hebräischen auch zu lesen als »ich gleiche«). Ich gleiche dir, und du gleichst mir. Jetzt hast du dich selber gefunden, weil du das Leid und das Negative der Welt ernstnahmst. Du erlebst diese Überraschung, erfährst das Unglaubliche –, denn, hast du nicht gelacht, als die Frau des Turnus Rufus vor dir stand? Das Geheimnis des Bösen: noch besser als das Gute! Als Leid erlebt, weil es in seiner Großartigkeit überfloß und das Gefäß zerbrach. Nun erst siehst du, daß ich der Ganze bin, nicht in den zwölf und zwölf, den vierundzwanzig, sondern den zwei mal dreizehn, den sechsundzwanzig: der Herr.

Der mystische Weg konfrontiert den Menschen mit dem Geheimnis des Bösen, des Leides, des Unrechts, des Unverstandenseins. Wende dich, heißt es, nicht ab, überlasse die Bösen nicht ihrem eigenen bösen Schicksal. Du spürst, es geht dich an, denn du bist auch die Welt, und die Welt ist in dir. Jeder Mensch kann es sagen: Gott in mir, und ich in Gott. Gott bläst sein Leben, seinen Atem in den Menschen, und der Mensch bläst mit jedem Ausatmen seinen Atem wieder zu Gott. Wie eine Nadel im Hin- und Hergehen mit einem Faden zusammenbindet, so bindet der Atem Gottes Lebensodem in die menschliche Seele, die göttliche Seele.

Der Weg durch die himmlischen Hallen

Unser Weg, unser Lebensweg, kann auch etwas von den »himmlischen Hallen« erzählen. In mystischer Ausdrucksweise deutet »Halle« auf die Welt hin, die als »Haus« gesehen wird. Ein Gebäude, ein Raum, wo jedenfalls ein Dach da ist, Wände da sind. Beim »Haus der Welt« geht es darum, daß man ein Innen und ein Außen kennt. Innerhalb des Hauses ist uns alles klar, begreiflich, in Griffnähe. Außerhalb des Hauses kennen wir uns nicht aus. Draußen sind weite Fernen, Wälder, Gebirge; draußen könnte Dunkelheit herrschen.

Und im Menschen kommt die Frage auf: Wozu das Draußen? Warum nicht alles drinnen? – Damit du dich nach Neuem sehnst, wird geantwortet, damit bei dir ein Weg stattfinden kann, damit nicht alles klar und eindeutig da ist.

Die Halle ist die Welt, in der du lebst und dich immer besser auskennst; gleichzeitig weißt du auch vom Jenseits dieses Lebens, Jenseits dieses Hauses, wo du wohnst. Vielleicht gibt es ein Fenster, das dich etwas von außerhalb sehen läßt, vielleicht ist da eine Tür, aber man zögert, sie zu öffnen. Zugwind, Hitze, Feinde könnten draußen sein, Unbekanntes. Auch der Tod ist für den Menschen ein Begriff des Draußen. Er fürchtet sich, das

Haus, das ihm heimisch wurde, worin er sich zu Hause fühlte, zu verlassen. Und doch weist ihn die Welt immer wieder darauf hin, daß es Anderes geben muß, denn so vieles hier, sogar drinnen, ist rätselhaft, ist »geheim«.

Da fängt beim Menschen eine Sehnsucht an, er möchte weiterziehen. Und er kann gar nicht glauben, daß er immer erst die Welt verlassen muß, um Neues kennenzulernen. Irgendwie spürt er, daß all das, was draußen ist, was im Himmel ist, jenseits der Meere –, daß all das in ihm ist, in seinem Herzen, in seinem Munde, wie es doch auch so in der Bibel gesagt wird. Er muß doch nicht, spürt er, erst auf den Tod warten, um solche Reisen anzutreten. Hier und dort möchte er sein. Denn wenn er das Hier verläßt, nur dort ist, sehnt er sich nach dem Hier. Wie er sich jetzt, im Hier lebend, nach dem Dort sehnt.

Diese Sehnsucht, die jeder hat, ist auch die Sehnsucht nach einem anderen Menschen. Ist nicht der andere auch schon die andere Welt? Der andere ist mir fremd. Ich dachte erst, es wäre leicht, ihm zu erklären, was ich meine. Ich sehe aber, daß er meine Erklärungen ganz anders aufnimmt, als ich dachte. Manchmal kommt es sogar vor, daß er umso verärgerter reagiert, je klarer ich es mache. Es sieht so aus, als ob der andere Ohren hat, aber nicht vernehmen, Augen hat, aber nicht sehen kann.

Man spürt das Geheimnis des anderen. So hat auch die Tierwelt ihr Geheimnis. Der Hund zu Hause, an den man sich gewöhnt hat, reagiert oft anders als erwartet, ist doch ganz anderer Art. Was erlebt ein Hund? Hat er auch Angst vor dem Tod? Hat er Angst vor anderen? Warum markiert er auf Hundeart sein Terrain?

Innen und Außen

Man möchte gerne hinaus, das Draußen kennenlernen. Und die mystische Erfahrung zeigt nun, daß das Draußen auch *in* dir da ist. Du brauchst gar nicht aus der Welt hinauszugehen. Mit dem Instrumentarium dieser Welt kommst du sowieso nicht heraus, mit Magnet, Fotoapparat, Teleskop oder Elektrometer wird dir das niemals gelingen. Denn das gehört zum Diesseits, zur »Halle«, wo du bist. Wenn du es auf diese Weise, die gewohnte, versuchst, bleibst du hier, kommst nicht heraus.

Wenn aber, wie in der Mystik gesagt wird, die ganze Welt *im* Menschen auch ist, muß es etwas geben, wodurch er bei sich selbst diese Reise hinaus unternehmen kann. Wie ist das möglich? – Wenn du anfängst, heißt es, das Verborgene bei dir zu suchen, indem du dir klar darüber wirst, daß du nicht einmal weißt, wer du selber bist. Was kennst du schon von dir? Ein bißchen Vergangenheit, und von der Zukunft hast du ganz vage Vorstellungen.

Eine Reise ins Innere, wie man sagen könnte. Aber eigentlich ist es keine Reise ins Innere, denn du entdeckst dabei nur, daß dein Inneres dem gleicht, was bei dir draußen und fremd ist.

Um dir zum Beispiel etwas vorzustellen, brauchst du keine Zeit. Alle äußeren Mittel aber, das Instrumentarium von draußen, mit dem du vielleicht hineinzukommen glaubst, brauchen Zeit. Die Welt zu durchqueren, braucht Zeit, mit Raketen im Weltall einen Planeten zu erreichen, braucht Jahre, und selbst das Licht mit seiner gewaltigen Geschwindigkeit braucht Millionen Jahre, um diese weiten Strecken zu durchmessen; und es sieht so aus, als ob es nirgendwo endet. Materiell also, mit den Begriffen und Anwendungsmöglichkeiten deines Denkens, kommst du hier niemals weiter. Du wirst dich damit verirren wie ein Lichtstrahl, der ausgeht und sich nach Millionen Jahren im Nirgendwo verliert. Niemals, spürst du, wirst du auf diese Art die Welt kennenlernen.

Der Himmel, sagt man und zeigt mit dem Finger hinauf, ist oben. Aber, könnte man sich denken, wo denn »oben«? Im nächsten Stockwerk, über dem Dach? Und was ist dann darüber weiter oben? Das ist endlos, spürst du gleich, auch wenn du von komplizierten astronomischen Vorstellungen nichts weißt. Und mit der Gegenrichtung, dem Unten, ist es das gleiche. Die Erde ist rund; wenn also die Erde durchquert wäre, stündest du vor der gleichen Unendlichkeit. Das ist es, was den Menschen depressiv macht. Es ist zum Verzweifeln, und deshalb reagiert er dann oft so merkwürdig, schlägt um sich, wird aggressiv. Er spürt, er ist gefangen.

Deine Sehnsucht aber sagt dir, es könnte doch vielleicht einen Weg geben, nicht über die Wissenschaft, nicht über Lichtstrahlen, nicht über Chemie – auch wenn sie Alchemie heißt –, nicht über Physik, sondern einen ganz anderen Weg. Du müßtest diesen Weg finden, weißt aber nicht wie. Nur deine Sehnsucht ist da.

Das Erlebnis der Beziehung

Aber wenn beim Menschen diese Sehnsucht lebt und sich ausdehnt, könnte es zu einer Beziehung kommen, zum Nächsten, zur Umwelt, zur Natur, zur Welt. Man spürt dann, der Nächste ist mir auch schon fremd, die Natur, die Welt ist mir fremd. Dann kommt aus dieser Beziehung das Gefühl, daß biologische, sogar mikrobiologische Untersuchungen nie zu einem Kennenlernen führen können. Damit bleibt man in dieser Welt. Das Jenseits der Mauern des Hauses, des Daches, des Fußbodens, bleibt Fremdes. Tod ist dort, und du hast Angst vor dem Tod. Du wirst in dieser Angst leben, solange du versuchst, dich und die Welt ohne die Sehnsucht nach anderen Maßstäben kennenzulernen.

Wenn du zum Beispiel zu Verstorbenen nach den Maßstäben der Physik, also auf physische Art in Kontakt treten möchtest, wird die Angst dir bleiben. Du kannst dann in das Stadium der Resignation geraten, des Stoikers, dem alles gleichgültig ist, null und nichtig.

Du könntest den anderen aber auch im Zeichen einer Beziehung kennenlernen, nicht mehr im Zeichen eines Verhältnisses, wo das Messen ausschlaggebend ist. Solche Verhältnisse, solche Proportionen bestimmen die Natur in der Form der Naturgesetze, während eine Beziehung ein Hinauswachsen ist, eine Einswerdung, wo doch zwei sind. Empfindungen, Gefühle könnten dir dann kommen, durch die du selber ein anderer wirst. Das kannst du niemals lernen, denn jede Übung, jedes Studieren bleibt diesseitig, lernt alles nur aus der Sicht dieser Welt kennen, selbst wenn auch dann von »anderen Welten« gesprochen wird.

Es wird im alten Wissen deshalb viel von dieser Sehnsucht und diesem Beziehen des Menschen erzählt. Nur wenn du dich sehr nach dem Nächsten sehnst, heißt es, kommt es zu einer Beziehung, zu einem Kennenlernen. Es sind dann eben nicht mehr die »guten Beziehungen«, also nutzbringende, sondern du sehnst dich »umsonst«, du möchtest den anderen erfreuen, nicht nur abhängig sein lassen vom Geschehen in dieser Welt, vom Nützlichen in diesem Leben.

Dann also fängt beim Menschen an, was man den Weg nennt. Er spürt dann, daß es nicht nur der Weg durch die Jahre seines Lebens ist, sondern auch der Weg in seinen Erlebnissen und Erfahrungen, der Weg mit sich selber, sein Weg in den Beziehungen zu anderen Menschen, unabhängig von der Dauer in der Zeit, unabhängig von der Bewegung im Raum. Er spürt, daß dieser Weg ihm Neues bringt.

Schwerelosigkeit

Als erstes bringt der Weg dir das Gefühl: dieses Leben *bewegt* doch. Aber wenn du an die Grenze dieser Welt gelangt bist, bewegt es sich nach den Maßstäben der nächsten Welt weiter und nicht mehr nach den Maßstäben, die in dieser Welt gelten. Diese Maßstäbe genügen nicht mehr, um zum anderen eine gute Beziehung zu bekommen. Du träumst und suchst anderes. Dann verstehst du, daß die Maßstäbe des Körperlichen, wie wir sie kennen, zu existieren aufhören, damit der Weg weitergehen kann. Den Körper kannst du nicht mitnehmen, denn das würde, selbst wenn du dich mit Lichtgeschwindigkeit fortbewegtest, Millionen Lichtjahre dauern – zum Verzweifeln!

Aus den Erzählungen von Menschen, die für kurze Zeit tot waren, dann aber wieder ins Leben zurückkehrten, wissen wir, daß für einen »Toten« Mauern keine Mauern mehr sind: ›Ich konnte durch die Mauer hindurch. Die Schwere war weg. Ich erhob mich. Ich sah, mein Körper lag tot auf dem Bett. Ich sah ihn dort liegen.‹

Heute gibt es ganze Sammlungen von solchen Mitteilungen, aber diese Phänomene sind schon seit sehr langer Zeit bekannt. Heute hat man durch die Technik viele Möglichkeiten, klinisch Tote zu reanimieren, ins Leben zurückzurufen, nur kurz, wenige Sekunden, vielleicht ein paar Minuten, aber es genügt, daß sie etwas erzählen können. Sie sagen dann fast übereinstimmend etwa das Folgende: ›Es ist unvorstellbar, ich ging durch euch hindurch, und eure Körper gingen durch mich hindurch. Ihr habt mich nicht gesehen, ich euch aber wohl. Ihr habt euch auf die Leiche geworfen und geweint, während ich zuschaute und sagte: Schaut, ich bin doch hier bei euch! Ihr habt meine Stimme aber nicht gehört.‹

Man kann also diese Welt verlassen, ohne eine Reise durch Millionen Lichtjahre unternehmen zu müssen. Aus den erwähnten Mitteilungen wissen wir, daß ein Gestorbener, dem seine Beine amputiert waren, diese dennoch ganz empfindet. Wie auch zu Lebzeiten ein Amputierter noch längere Zeit danach Schmerzen oder Jucken in Teilen seines Körpers zu spüren meint, die amputiert sind.

Der erweiterte Körper

Der Körper scheint es, ist mehr als das, was wir sehen. So stark aber ist die Suggestion dieser Sicht, daß wir sie für die einzige halten, anderes nicht sehen. An der Grenze wird hie und da einmal anderes vielleicht sichtbar, wie man das auf den bekannten Fotos in den PSI–Büchern sehen kann. Aber nur sehr wenig sieht man, es sind Grenzphänomene. Der Mensch könnte sich viel weiter ausdehnen, viel weiter dasein, wenn er nicht auf einer Sicht beharrte, die ihm suggeriert: nur *das* ist es.

Man staunt, wenn man von den Heilern, den Chirurgen auf den Philippinen hört oder es sogar selbst miterlebt hat, daß man den Körper durchdringen kann, ohne ihn zu verletzen, ohne daß Blut fließt, höchstens vielleicht einmal einige Tropfen. Wie ist das möglich? Weil die Suggestion bei uns so stark ist, daß sich alles an diesen Körper heftet. Gewiß, sagt der Mystiker, für *diese* Welt ist der Körper, und er könnte mich nun in andere Welten tragen. Wie der Gestorbene auch seinen Körper empfindet, und doch unsichtbar ist.

Sind wir nicht auch in eine Welt getaucht, wo wir unsichtbar sind? Wo wir auch nur unseren Körper haben und dennoch anderswo sind? Dort allerdings sind der Körper und seine Organe unbrauchbar. So erzählt doch der Reanimierte, daß er als Gestorbener sich komplett fühlte, ohne Schwere, das große Licht sah, ganz unbekannte Farben, und sein ganzes Leben in *einem* Augenblick erlebte. Keine Dauer also gibt es da. Die Umstehenden aber hören ihn nicht und sehen ihn nicht. Wozu dann ihre Ohren, ihre Augen, wenn sie doch nicht hören, was sie hören sollten, und doch nicht sehen, was sie sehen sollten? Taub und blind sind sie, bedeutet es für den Mystiker, man kann mit ihnen nichts anfangen.

Die mystische Erfahrung ist also ein Sich–lösen–können von dem Gefühl, daß das *Hier alles* sei. Du fängst an, das Hier zu relativieren, also in Beziehung zu bringen zum Ausgangspunkt einer Reise. Der Körper ist schon da, wie es der Gestorbene erlebt: Ich sehe den Körper auf dem Bett ausgestreckt liegen, die Ärzte um ihn bemüht, massieren, beatmen, versuchen noch verzweifelt, den Körper wieder zum Leben zu bringen –, ich aber lächle und sage: Hört doch auf! Ich lebe doch, sehe euch doch, ihr aber seht mich nicht.

Der Gestorbene, heißt es, läßt nichts zurück, hat alles bei sich. Er sieht auch alles, seine Ahnen sieht er und seine Nachkommen und seine Gemeinschaft. Nur die Hinterbliebenen fühlen sich von ihm verlassen. Für sie ist er verschwunden, wie unsere Ahnen verschwunden sind, und wie wir keine Ahnung haben, ob wir Nachkommen haben werden. Wir wissen es nicht, während der Gestorbene sagt, er habe alles gesehen. Das bedeutet ein Sich-entfernen-können von der Absolutheit der eindeutigen Lebensweise, die wir haben. Der Körper als Ausgangspunkt einer Reise, einer mystischen Reise, von der in den verschiedenen Kulturen erzählt wird. Von der jüdischen Mystik her könnte ich davon manches sagen, weil ich dort doch wohl zu Hause sein sollte. Literatur und Erfahrungen dort kenne ich in großem Ausmaß und habe alles auch erlebt, so daß ich vielleicht sagen könnte: Da kenne ich mich aus.

Und wenn ich von anderen Kulturen spreche, wo auch von den mystischen Reisen erzählt wird – auf andere

Art, aber im Prinzip gleich –, meine ich nicht jene Seite der Kulturen, wie sie sich heute in der modernen, naturwissenschaftlich und technisch geprägten Welt manifestiert. Das ist auch wieder diesseitig, wissenschaftlich diesseitig, mit Möglichkeiten, die Grenzen ein wenig zu überschreiten; und auch die jüdische Mystik, wenn sie sich so in der Welt manifestiert, bleibt diesseitig.

Das Wort als Führer auf dem Weg

Die Sprache der Mystiker können wir verstehen, wenn wir ihre Worte und Begriffe einfach in Tatsachen und Phänomene unseres eigenen Lebens übersetzen. Dann führt sie uns zu etwas Neuem: eine Reise in alle diese Welten. Der Raum ist dann aufgehoben, und doch gibt es den Raum, aber übersehbar, und die Zeit hört auf, fließende Zeit zu sein, wo du immer auf den nächsten Augenblick warten mußt und das Vergangene vorbei ist, vergessen, aus dem Sein verwest. Die Zeit wird durchschaubar, übersichtlich, ist für dich nicht mehr unendliche Zeit. Generationen, die du übersehen kannst, weil man es dir *erzählen* kann. Eine Welt jenseits des Hauses, wo wir zu Hause sind, und das Jenseits scheint dann, wie wir sehen, ganz Merkwürdiges zu haben.

Denn wenn du aus dem Hause trittst, bist du in einem neuen Haus. Und dieses neue Haus wird in der jüdischen Mystik »Halle« genannt, hebräisch »hechal«. In der Bibel hat der Tempel ein »hechal«, eine Halle. Das gleiche Wort also, denn was hier ist, ist auch dort. Das Wort ist bei Gott, und das Wort kommt hierher und geht dorthin zurück. Das Wort ist der Faden, der uns mit allen Welten und durch alle Welten hindurch verbindet.

Kein Wegsinken aus dem Wort – das wäre ein Wegsinken ins Vage, Träumerische, vielleicht sogar ins Dämonische. Bleibe klar, heißt es, wie der Gestorbene klar sieht, sogar sehr klar, am Anfang schon. Und wenn er weitergeht, wo du nicht mitgehen kannst, weil du von dort nicht mehr zurückkommst, sieht er immer klarer und klarer. Davon erzählen die Mystiker, die diese Reise unternommen haben.

Und merkwürdigerweise sehen wir, daß die Mystiker aus dem Judentum das gleiche erzählen wie die Mystiker aus Indien, aus China oder aus Ägypten. Mystik gibt es in allen Kulturbereichen. Es gibt eine christliche Mystik, die heute allerdings, wie alle Mystik, nur noch studiert, kaum mehr erlebt werden kann. Aber wenn man anfängt zu studieren, hört das Erleben auf. Studium zielt auf das Diesseitige, wird Gedächtnissache, eine kausale Angelegenheit, dann geht das andere nicht mehr.

Es gibt eine großartige persische Mystik, eine islamische Mystik. Ich spreche von der heutigen Zeit, wo die Völker und Kulturen noch bestehen. Aber auch dort ist es zu wissenschaftlich geworden, zu beschreibend. Während man in der mystischen Erfahrung doch gerade das Wort erleben könnte, das Wort, das darauf wartet.

Sterben im Leben

So möchte ich mit dem Wort versuchen, einiges von den himmlischen Hallen zu erzählen. Denn beim Austritt aus dieser Welt, beim Sterben, beginnt, wie es heißt, der Weg durch die Hallen. Und ein Mystiker stirbt eigentlich, und lebt doch. Er erlebt die Erfahrung des Gestorbenen, sieht sich zu gleicher Zeit aber noch hier. Wie er die, welche er beim Tod zurückläßt, sieht, so sieht er sich selber jetzt. Denn er fängt diesen Weg nicht an in der Panik, in der Angst, im Kranksein, im Schrecken, im Unfall, der ihm zustößt, sondern er fängt ihn an, weil ihn eine große Sehnsucht dorthin zieht. Wer aber hat schon Sehnsucht nach dem Tod?

Man kennt das Phänomen der Todessehnsucht in der Psychiatrie, Psychologie. Aber da geht es nur um Tod, nicht um Liebe. Man mag das Leben nicht mehr, hält es nicht aus, sucht irgendwie von hier wegzukommen. Und man glaubt, dann sei alles friedlich und im Guten. Es ist ein Verlassenwollen dieser Welt in einer Art Schrecken, man will einfach nicht mehr hiersein.

Der Mystiker aber liebt *diese* Welt, liebt den Nächsten, tut alles für ihn, aber schon nicht mehr um Lohn, nicht um Dankbarkeitserweise zu erhalten. Er tut umsonst, er weiß nicht einmal, daß er es tut. Es freut ihn, wenn der andere sich freut, daß er für ihn da ist, ohne es zu wissen. Es bedeutet eine Sanftmut, eine Liebe zur Welt, zu den Menschen, und nicht nur zum »Nächsten«, wie man sagt; jeder Mensch ist »der Nächste«, jedes Tier, jede Pflanze. Es ist die Sehnsucht nach anderen Welten, die Sehnsucht nach der großen Einheit von Diesseits und Jenseits, Erde und Himmel, wo *alle* Generationen *in einem* da sind, alle deine Wünsche, deine Gedanken, deine Hoffnungen erfüllt sind. Wenn du dich danach sehnst, kann der Weg beginnen.

Von diesem Weg durch die himmlischen Hallen, wie er in den Büchern der Mystiker im Judentum beschrieben wird, möchte ich jetzt erzählen. Die Mitteilungen darüber stammen schon aus der Zeit vor zweieinhalb– bis zweitausend Jahren, als das Aufschreiben anfing, aber es gibt solche auch von Mystikern, die vor einigen Jahrhunderten lebten. Von dieser Literatur, die – wie der Sohar – in einem aramäischen Dialekt geschrieben und nahezu nicht übersetzt ist, auch nicht ins Hebräische, möchte ich ausgehen. Es sind Erfahrungen, die, wie ich schon andeutete, von Mystikern anderer Kulturen bestätigt werden.

Erlebnisse in den sieben Hallen

Du erlebst den Moment, wo du spürst: das wäre dann der Himmel. Es heißt, du trittst damit in die erste himmlische Halle ein. Es gibt aber sieben Hallen im Himmel. Denn die ganze Schöpfung ist, wie unsere Erde, von dieser Siebenheit geprägt. Keine Reihenfolge, wie zum Beispiel Tertiär, Quartär usw., sondern sieben Schichten im Leben hier, mit einer Vergangenheit, die wir nicht kennen. Man spricht von den sieben Tagen der Welt; sechs Tage und der siebte, die Gegenwart. Entsprechend diesen sieben Tagen der Welt gibt es die sieben Hallen im Himmel.

Himmlische Hallen also, denn du wirst auf dem Weg diese eine Halle sehen und überzeugt sein: das ist der Himmel! Aber auch dort befällt dich eine Sehnsucht nach mehr Glanz, mehr Strahlen und mehr Pracht. Nicht

Strahlung als phosphoreszierendes Phänomen, das dich gruseln läßt, sondern Strahlung als Klarheit, als Einsicht. Du spürst etwas ganz Gewaltiges.

In der ersten Halle erlebst du alles, was im eigenen Leben in der Welt hier erlebt wurde. Du erlebst die Gedanken, die Freuden, die Hoffnungen aller Menschen, jetzt aber konkret geworden, und die Menschen selber auch im Himmel. Du fühlst das Ganze.

Du spürst aber auch, daß es dem Himmel gegenüber die Hölle gibt, diejenigen, die so erstarrt sind in der Welt, daß sie sich aus der Starre nicht lösen können. Sie sind der Welt des Eindeutigen, des Schweren verfallen. Sie urteilen nur nach den Maßstäben dieser Welt.

So erlebt man die erste Halle. Und wenn du nun in die zweite Halle kommst, läßt du nichts zurück, alles kommt mit dir mit. Deine Erlebnisse sind, wie man irdisch sagt, in deinem Gedächtnis, in der Erinnerung, in der Psyche gespeichert. Auf dem Weg geht alles mit. Weg heißt: weiter erleben, klarer, heller, das Ziel kommt näher. Wie wir auch etwas »erklären«, von »klar« also; mit einer Erklärung wird es klarer, man sieht schärfer, wenn es hell ist, die Konturen sind klarer.

Wenn wir in der ersten Halle dachten, es sei hell, sehen wir nun, daß da noch tiefe Dunkelheit herrschte. Jetzt erst ist es hell! Wie zum Beispiel auch ein stark

Kurzsichtiger glaubt, mit der Brille sähe er schon ziemlich gut, und nicht weiß, daß die Welt viel heller ist, wenn man ganz normal scharf sieht. In der zweiten Halle wird, was hell war, noch heller, was klar war, noch klarer. Plötzlich ist ein Funkeln von Edelsteinen zu sehen. Kostbar sind die Edelsteine, weil sie das Licht auf alle Arten zeigen, das Licht bricht sich so und so und so. Die Materie hat etwas, den Schliff, daß sich alles so vielfältig zeigen kann; nicht einseitig und eindeutig, sondern vielfältig. Die Mauern, heißt es, sind mit Edelsteinen gepflastert, mit Perlen – Anfang des Lebens in den Muscheln im Meer.

Alles wird anders. Nichts mehr von der Angst ist zu spüren, nur noch eine Sehnsucht ist da. So erlebt der Mystiker diese sieben Hallen. Von Halle zu Halle wird es klarer, der Weg geht weiter und weiter. Er spürt eine Freude, die er sich nie hätte träumen lassen können. Irdisch würde er vor Freude platzen müssen, würde eine solche Freude nicht aushalten können. Nur wenn man diese Welt verläßt, kann solche Freude sein ohne die Gefahr, daß ein Äderchen platzt oder daß man verrückt wird.

Man spürt auf einmal einen Strom von Worten, von Saat, von Samen, der in eine neue Welt hineinexplodiert, und die neue Welt nimmt diesen Samen auf, wie irdisch die Saat aufgenommen wird, und läßt Frucht kommen. Neues wird geboren, und das Neue hat neuen Samen, neue Worte. Man sieht nicht mehr Samen und Saat und Worte, sondern Einsicht, die sich steigert, hat ein Erlebnis von sich steigernder Intensität.

So geht es einem in den sieben Hallen im Himmel. Und dann erfährt man: Glaubst du etwa, das sei es nun? Nein, wie es sieben Tage in der Schöpfung gibt und sieben Hallen im Himmel, so gibt es auch sieben Himmel. Und jeder Himmel hat sieben Hallen. Und jetzt hast du erst den ersten Himmel durchschritten und das alles erlebt. Keine Spur mehr von der Angst um Menschen, die du zurückgelassen hast, die dich nicht verstanden haben. Alles, was in der Sehnsucht entflammt, ist mit dabei, und du siehst die Starren, die Erstarrten, die mit einer eindeutigen Antwort Recht haben wollen, mit *einer* Definition, und böse werden, wenn andere Deutungen, andere Definitionen gegeben werden. Sie sind gefangen, und du spürst ein großes Verlangen zu erfahren, was diese Starre bedeutet, diese Verdammnis, wie man sagen könnte.

Sieben Himmel gibt es, erfährst du, also sieben mal sieben Hallen, neunundvierzig Hallen werden da sein. Und erst wenn du die neunundvierzig Hallen durchschritten hast, würde die fünfzigste kommen. Das ist aber jenseits der sieben mal sieben. Wieder ist es dann, wie wenn du stirbst. Dann verläßt du die Welt der sieben Tage, kommst in den Himmel, der eigentlich der achte Tag ist. So ist mit der fünfzigsten Halle, jenseits der sieben mal sieben, der achte Himmel da, sozusagen der endgültige Himmel. Dort könnte selbst das, was verdammt war, anwesend sein und dich empfinden lassen, daß sogar die Schwere vertreten ist, die du während des ganzen Weges doch gesehen hast. Während du dich abheben konntest von der Schwere, der Hölle, und vom Erinnern dich loslösen konntest, sahst du, daß die Hölle nicht das ist, was du dachtest. Ein großes Geheimnis wohnt auch dort. Selbst Gott scheint bis in die tiefsten Tiefen der Unterwelten hinabzusteigen.

So kommt man dann, nach den neunundvierzig, in diese fünfzigste Halle. Und das ist der Durchbruch in eine Welt, wo man sagt, jetzt vereinen sich Himmel und Erde und Hölle. Das ist das Niedersteigen: Gott, der Vater, steigt in die Welt hinab und vereint alles.

Von der Struktur der Hallen

Ich möchte nun auch etwas von der Struktur dieser Hallen erzählen. Im Irdischen zeigt jede Struktur die Eindeutigkeit. Man weiß, im allgemeinen ist die Welt hier fest, nahe der untersten Welt, der Unterwelten. Aber neben dem Bedürfnis, das Bleibende in der Struktur festzustellen, gibt es auch zum Beispiel die Struktur des Sprechens. Man kann alles Mögliche während des Sprechens sagen, und die Struktur der Sprache und des Sprechens ist immer mit dabei. Die Struktur, kann man auch sagen, ist eben so, daß es sich ändert, und zwar im Sinne einer Harmonie oder einer Disharmonie. Ein Lied etwa kann harmonisch oder bewußt disharmonisch sein. Es gibt die Struktur der Farbenvielheit oder die Struktur der einen Farbe. Struktur zeigt sich nicht nur bei mechanisch Gebautem, sondern auch im Leben, im Lebendigen. So wird zum Beispiel gesagt, die Struktur des Menschen sei, daß er liebebedürftig ist und sich einsam fühlt. Nach der Auffassung eines anderen Weisen beruht die Struktur des Menschen darauf, daß er Liebe schenkt und die Gemeinschaft liebt. Es ist dasselbe, nur von der anderen Seite her ausgedrückt. Wenn ich schenke, ist einer bedürftig, und als Schenkender bin ich zugleich auch bedürftig, hungrig.

Von der Struktur der Hallen und der Himmel möchte ich jetzt etwas sagen, das zugleich etwas er–zählt, etwas Lebendiges erzählt. Ich habe schon oft darauf hingewiesen, daß beim Wort »erzählen« das Erzählen aus der Struktur der Zahl kommt. Denn »erzählen« und »Zahl«, »zählen« haben das gleiche Wort, und doch ist es anders. In den Hallen, im Himmel ist die Zahl exakt, 4 zum Beispiel, und nicht 3,99 oder 4,01. Das scheint dort eine Struktur zu sein; hier kann man nur er–zählen. Denn nichts, was hier 4 ist, *bleibt* 4. Es fließt weiter, die Zeit nimmt es mit. Ob es bleibt oder untergeht, weiß man nicht. Hier ist die 4 relativ. Wenn man genau schaut, sieht man, daß nichts hier exakt dasteht.

Dort aber gibt es Exaktes. Dort sind die Diamanten, spiegeln das Licht, alle Farben. Die Zahlen dort lassen hier erzählen.

Chessed, Leben in der Güte

Im Weg durch die himmlischen Hallen erlebt der Mensch einen Werdegang, ein Immer–klarer–sehen der Welt. Wie der erste Schöpfungstag vom Licht erzählt, so erlebt der Mensch in der ersten Halle das, was Licht ist. Er erfährt das Erlebnis der Liebe. Das Licht gibt Wärme, durch die Wärme kann man leben. Lebendiges hat eine Wärme; Temperatur, sagen wir. Verglichen mit der großen Hitze, die es gibt, ist es nichts. Aber für unsere Welt ist Wärme schon lebensspendend; zu warm darf es nicht werden.

Der Mensch spürt das Licht nun als Wärme in dem Sinne, wie wir auch von einem »warmen Herz« sprechen, von einem »warmherzigen« Menschen. Die Wärme der Liebe als warmes Miterleben.

Wo der Mensch sich sehnt, aus der Starre wegzukommen, damit der Weg anfangen kann, dort ist das Licht, wie es in der Kabbala heißt, Ausdruck des Sich-klar-werdens, der Erleuchtung, auch des Leicht-werdens. Das Leben soll ihn nicht drücken, es soll ihm leichter gehen, freudig sein, zum Hüpfen, zum Tanzen. Ein Freudiger geht nicht gebückt und stöhnt. Ein Freudiger geht gern, geht leicht und geht gut. Nicht zackig geht er, sondern leicht wie im Tanz. Liebe erfährt er als Licht, das wärmt, als Güte, die da ist. Alles erlebt er im Lichte dieses Gütigen.

Deshalb gibt die mystische Überlieferung dieser ersten Halle den Namen Güte, *Chessed* im Hebräischen, Gnade, Gütiges, Günstiges.

Jetzt, im ersten Himmel – noch weiß er nichts von weiteren Hallen –, erlebt er das Gütige. Und der Himmel spricht zu ihm, von weit her, von einem Draußen, das doch kein Draußen ist, hört er die Stimme. Die Stimme zu hören, bedeutet, es ist in ihm eine *Stimmung* da. Sonst wäre das Stimmen–Hören nur ein Wahn. Deine Stimmung sagt es dir, es ist dir so. Weil du die große Freude der Liebe, der Güte jetzt hast, wird der ganze Himmel davon gezeichnet sein und im Zeichen der Güte, *Chessed*, stehen. Und die Halle, in der du bist, ist dann *Chessed* in der *Chessed*, also Liebe in der Liebe. So eingetaucht im ersten Erlebnis nach dem Verlassen dieser Welt erlebst du etwas ganz Gutes.

Alles, worum du Angst hattest, zeigt sich dir nun spielerisch, und du siehst, es war doch gut! Angst hattest du, wo du nicht wußtest, nicht wissen konntest. Alle Angst wird jetzt von der Einsicht weggenommen. Du bist jetzt sogar dankbar für die Angst und den Schrecken, den du hattest. Denn du siehst jetzt ein, wie dumm es war, und erlebst die große Erleuchtung, spürst, was Liebe ist. Deshalb sagt man, nur jenseits dieser Welt kann ein Mensch das Wort Liebe aussprechen. Liebe trägt auch die Einheit in sich, daß *alles* zusammenhängt, nichts außerhalb steht. Das ist das Erlebnis der Liebe in der ersten Halle.

Wie lange er dort bleibt? Tausend Jahre oder eine Minute – Zeit ist da im Überüberfluß. Er hat keine Angst.

Er trinkt jetzt das Wasser des Jenseits. Und weil das Wasser, das Fließende, immer die Zeit ist, nimmt er den Kelch und trinkt Wasser aus dem Brunnen, wenn er Zeit haben will. Für seinen Durst ist Lebenswasser da, und er erlebt Zeit.

Verstehen Sie gut, das ist keine spekulative Geschichte vom Jenseits. Das sind Geschichten von Erfahrungen, vom Wege der Mystiker. Denn vom Jenseits, wie es dort bei den Toten zugeht, weiß keiner, auch der Mystiker nicht. Aber der Mystiker spürt immer mehr, daß es so sein muß, denn er weiß: Ich bin jetzt bei mir selber zu Hause und bin zu Hause bei Gott; das ist das Leben.

Der Engel mit dem Schlüssel

Wenn der Mensch dort ganz gesättigt ist, kommt zu ihm der Engel, der ihn immer begleitet. Vom Engel habe ich schon öfters erzählt. Ein Engel ist ein Bote, der Gottes Stimme dem Menschen bringt. Er erzählt dem Menschen in der Stimmung, die er hat, was Gott sagt. Und Gott eben nicht als Fremder mit großer Macht und Kraft, sondern Gott als etwas ungemein Gütiges, aber doch zugleich Strenges und Gerechtes. Streng in dem Sinne, daß er aufpaßt, daß nichts verlorengeht. Er paßt auf, daß du tatsächlich alles nimmst, was du bekommen kannst, und daß du nicht zuviel nimmst, was du nicht tragen kannst. Also keine Strenge im Sinne einer Strafe, sondern als Gerechtigkeit, daß dir zukommt, was dir kommen soll, und dir nichts weggenommen wird.

So erlebt der Mensch eine Stimmung in sich, die ihn sein Gegenüber immer mehr erfahren läßt. Er möchte Gott immer näher kommen, und er spürt ihn ganz nah: Gott ist in ihm, und er ist in Gott. Und gleichzeitig fühlt er die Sehnsucht, Gott kennenzulernen, alle seine Namen kennenzulernen.

Es kommt also der Engel und sagt: Jetzt öffne ich dir das Tor. – Jedes Haus hat ein Tor, eine Tür, ein Fenster. Durch das Fenster scheint das Licht von draußen herein, also das Licht von der zweiten Halle in die erste. Das Tor soll geöffnet werden, und der Engel hat den Schlüssel. Ein Schlüssel aus Licht, aus Gold, und mit dem öffnet er.

Erst kommt er nun, heißt es, in einen Garten zwischen der ersten und der zweiten Halle, ein Vorhof. Dort sieht er alles Wachsen, alles, was in der Welt wächst, in einem. Beim Durchqueren des Gartens riecht er die Düfte, den Geruch des ewigen Lebens. Und der Engel öffnet mit dem Schlüssel das Tor zur zweiten Halle.

Wenn man das hebräische Wort für Schlüssel wörtlich übersetzt, dann lautet es »Öffner«. Hebräisch «mafteach«, von »pateach«, öffnen. Typisch, daß statt dem Schließenden, dem Ein- und Abschließenden, hier das Hinaus-ins-andere, das Eröffnende gesehen wird.

Gebura, die Kraft, die Barmherzigkeit ist

In der zweiten Halle erfährt er den zweiten Schöpfungstag, erlebt er Himmel und Erde. Noch voll von der Liebe, der Güte, spürt er jetzt, was Gott opfert, indem er die Erde macht. Er erlebt den Sinn des Opfers und erfährt das Wesen der Kraft, die zu einem solchen Opfer fähig macht.

Die Erde machen bedeutet, die Gegenseite schaffen, die dich angreifen wird. Tu das doch nicht!, warnen die Engel. Da kommt die große Kraft zur Liebe. War es zuvor ganz Liebe, ganz Güte, in der man lebte, kommt jetzt diese *Kraft* zur Liebe, zum Schenken. Gerade jetzt erwächst diese Kraft, wo du spürst, daß einer gegen dich sein, dich hassen wird. Wie erträgst du es, daß er dich gar nicht mag? Du mußt dafür kräftig sein, etwas haben, das sich ausdehnt. So wie am zweiten Schöpfungstag diese »Ausdehnung«, hebräisch »rakia«, auch mit »Firmament« oder »Feste« übersetzt, kommt. Du lernst diese

Welt und den anderen jetzt nicht nur im Gütigen kennen, sondern erfährst auch das Geheimnis, daß es bei ihm Quellen gibt, die nicht gut sind. ›Hast du das nicht auch in der Welt erlebt‹, erinnert ihn der Engel, ›weißt du es nicht mehr?‹

Die Ausdehnung, die kommt, bringt die Kraft der Geduld. Nicht in *einem* Moment soll entschieden sein, ob er mich liebt oder haßt. Die Ausdehnung der Zeit macht es möglich, daß er mich, wenn er mich jetzt haßt, das nächste Mal lieben kann, und dann wieder hassen und wieder lieben.

Ausdehnung: Ich dehne die Zeit aus wie ein Blech, das gehämmert wird, weiter und weiter. Zeit und Raum zum Entfliehen, zum Verstecken; er sucht mich, und ich suche ihn. Der Himmel zeigt sich uns als Ausdehnung, sehr weit, lange Zeit, gewaltige Räume, unendlich, unermeßlich. Tatsächlich, die Kraft zum Tragen ist gewaltig. Deshalb wird diese zweite Halle *Gebura*, »Kraft« genannt. Der Name Gabriel bedeutet diese Kraft Gottes. Es ist die Kraft, die den Körper machen und den Menschen im Körper mit Geduld ertragen kann.

Einen Körper zu machen gegen den Widerstand derer, die sagen: Tu's nicht, denn du wirst nur gehaßt, abgelehnt werden! – dazu bedarf es der Kraft. Der Engel Gabriel ist es, der entscheidet: der Körper kann sein, die große Liebe ermöglicht es. Deshalb heißt die zweite Halle die *Gebura*, die in der *Chessed*, die Kraft, die in der Liebe ist. Der ganze Himmel Liebe, und die Kraft ist in der Liebe, durch die Liebe kommt die Kraft, die Barmherzigkeit bedeutet. Denn eigentlich sollte nichts sein, aber ich lasse es doch sein, ich kann nicht anders, überwinde mein Gefühl und bin barmherzig.

Tipheret, die schöne Harmonie

So geht es weiter auf dem Weg. Die dritte Halle läßt erleben, was am dritten Schöpfungstag geschieht: die große Harmonie, die Schönheit der Welt, der Blumen, der Pflanzen, der Meere, der Seen und des Trockenen. Es ist die Harmonie der Natur, wie sie sich uns zeigt. Schönheit, Harmonie heißt diese Halle, hebräisch *Tiphereth.* Und dieser Begriff hat das Wort »phr« in sich, Fruchtbarkeit, was die Frucht bringt, und »pr«, die Pracht. Im deutschen »Fr« und »Pr« sprechen wir das gleiche aus wie im Hebräischen.

Nun erlebst du, daß die Welt, die du mit Kraft zustandebringst und in ihrer Vielheit erträgst, eine große Harmonie zeigt. Es ist das Gefühl, das du hast, wenn du sagst: Die Natur ist schön! Schau die Berge, blau in der

Ferne, das Grüne dort, und die Vögel zwitschern. Die Harmonie der Natur, Stille und zugleich ein Rauschen, ein Lied.

Es heißt, du erlebst jetzt nicht nur die Harmonie in der Natur, sondern auch die Harmonie des Menschenlebens, daß dein Leben eigentlich sehr schön war und schön ist und schön sein wird. Viele Farben hat dein Leben, solche und solche Tage. Du siehst, wie wichtig das Braune und Schwarze ist, weil das Goldene dadurch heller wird, das Grüne und das Weiße. Du spürst, wie alles genau zusammenstimmt, die Schwere, die Höhen und die Täler. Die Harmonie deines Lebens in Harmonie mit den Menschen um dich herum. Unsere Psyche ist nicht einseitig und eindeutig, sondern ändert sich fortwährend wie die Natur in ihren Jahreszeiten. Winter, aber es wird auch wieder Frühling, Herbst und Sommer – die Harmonie im Ganzen.

Nezach, sieghafter Durchbruch zur Rückkehr

Die vierte Halle, wie der vierte Schöpfungstag, im Zeichen Sieg, hebräisch *Nezach*. Was bedeutet dieser Sieg?

Nachdem du die Liebe, *Chessed*, die Kraft, *Gebura*, und die Barmherzigkeit in der Kraft, und die Pracht, *Tiphe-*

ret, die Harmonie kennengelernt hast, erfährst du jetzt den Sieg. Neues kommt bei dir, bricht durch: Du gehst nun zur Welt zurück. – Wieso zurück? Ich habe die Welt doch verlassen und alles ist doch da? – Der Weg führt dich jetzt in die Geheimnisse der Welt, du erfährst, warum du gelitten hast, was es war.

Ich habe gesehen, daß das Leiden gut war, war dankbar, habe mich gefreut und verstanden, wie alles war –: eine große Überraschung. Und nun spüre ich auf einmal das Bedürfnis, zur Welt zurückzugehen. Ich möchte mein Leben erfahren in den Momenten, wo ich verfolgt wurde. Warum hat man mich verfolgt? Was ist der Sinn des Leidens, der Sinn des Mißverständnisses, der Sinn der Gemeinheit, des Sadismus? Was ist der Sinn all dieser Phobien, denen die Wissenschaft so komplizierte Namen gegeben hat, weil man dachte, es muß etwas sein, das jenseits des gekannten Wortes ist? Verständlich, daß man dann Fremdsprachen benutzt.

Am vierten Schöpfungstag kommt anstelle des großen Lichtes des ersten Tages jetzt das Licht von Sonne, Mond und Sternen. Warum zerbricht das große Licht? Warum werde ich nicht verstanden? Warum werde ich zerbrochen in der Welt? Mein Herz bricht doch so oft, jeder Mensch erlebt das.

Ein Hinabsteigen am vierten Tag, der Sieg in der vierten Halle: Ich werde jetzt zurückgehen. Es heißt, Mose beherrscht diese Halle. Mose, der nach Ägypten zurückkehrt. Geh zurück, sagt Gott zu ihm. – Ich bin doch von dort geflohen, antwortet Mose. – Geh zurück!

In der ersten Halle, in der Liebe, ist Abraham, der die Güte, den Glauben hat, ein Gläubiger ist wie ein Kind. In der zweiten Halle, wo *Gebura*, die Kraft und die Barmherzigkeit war, kommt der Sohn, Isaak. Der Sohn, spürt man, wird doch genommen, geht weg, der Sohn oben, der Sohn unten. Was bedeutet das? Dann kommt die Harmonie, die Schönheit. Wie schön die Welt ist! Da ist Jakob der Herr in der Halle, der dich begrüßt. Und in der vierten Halle nun Mose, der Weg zurück.

Hod, das Lob, die Formwerdung

Deshalb fängt am fünften Schöpfungstag Leben an zu kommen, die Fische und Vögel werden erschaffen. Körper, Leib, es kommt wieder, es kommt zurück. Jetzt aber, spüre ich, bringe ich den Körper zu Gott. Ich bin auf dem Weg, und jetzt erfahre ich die Welt auf dem Weg, um sie zu Gott zurückzubringen. Nicht entrückt sei der Mystiker, er kehre zur Welt zurück, und was er nun sieht, das bringe er zu Gott, alle seine Erlebnisse, sein

Leid, seine Sorgen, sein Unglück und sogar seine Dummheit. Deshalb ist in der fünften Halle Aharon, der Hohepriester, der Herr; der Hohepriester, der bei dir Opfer bringt.

Im Namen Aharon ist ausgedrückt das Preisen Gottes, indem die Form zu Gott kommt. Preisen als Glücklichsein, glücklich sein können. Preisen, indem du sprichst: Ich bringe alles zu Gott zurück.

Hod ist der Name der fünften Halle: Lob, Formwerdung.

Im Hebräischen heißt Opfer »korban«, und das bedeutet »näherbringen«, Gott näherbringen. Ich gehe jetzt zur Welt und doch zu Gott. Zwei Bewegungen: Ich kehre zurück zur Welt, und doch geht mein Weg weiter. Ich spüre jetzt, ich kann nur weitergehen, wenn ich zurückgehe. Ich nehme nun das Leiden ernst, das Mißverständnis, das Sterben in der Natur. Ja, das ist gut, es ist Herbst, jetzt stirbt es, die Blätter fallen ab. Was erleben sie dabei? Sie erzittern doch auch im Wind. – Du lernst es kennen, die fünfte Halle.

Dann gehst du hinunter in die sechste Halle, wo das Neue kommt. Josef steht dort, Josef als Vater des Messias. Die Überlieferung kennt den Einen in der Zweiheit: Messias, Sohn von Josef, und den Messias, Sohn von David, der dann in der siebten Halle herrscht.

Jetzt in der sechsten Halle der leidende, der verkaufte Messias, der Mensch. Am sechsten Tag der Schöpfung wurdest du als Mensch erschaffen. Die höheren Tiere wurden erschaffen, die deinen Körper bilden, und du als Mensch wirst erschaffen. Und was hast du getan, du Mensch? Hast genommen von der einzigen Frucht, die du um meinetwillen hättest nicht essen sollen. – *Ein* Geheimnis lasse mir, bewahre ein Geheimnis für mich. Ich möchte so gerne ein Geheimnis vor dir haben, damit du mich nicht *ganz* kennst. Ein Geheimnis sollte es sein, und du hast mir das Geheimnis genommen.

Frage dich nun im Himmel der *Chessed*, der Liebe, was das bedeutet. Erfahre nun, was es ist, dein Tun, das du nicht möchtest. »Das Gute, das ich tun möchte, tue ich nicht, und das Böse, das ich meiden möchte, das tue ich.« Paulus sagt das doch. (Römerbrief, 7. Kapitel).

Warum wird der Messias der leidende Messias? Warum soll er leiden? Er will doch nur helfen.

Wie warst du in der Welt? Wolltest du helfen? War da nicht Undank, wo man dir helfen wollte, warst du nicht irritiert, daß du einem dankbar sein müßtest? Und war das Verhalten der Leute, denen du geholfen hast, nicht oft enttäuschend? Alles habe ich ihnen gegeben, ihnen geholfen, und jetzt sind sie irritiert, daß ich ihnen so viel gegeben habe, greifen mich sogar an!

Stelle jetzt die Frage nach diesem Rätsel. Es ist das große Geheimnis dieser Welt. Du wirst dann sehen. – Die sechste Halle.

Kannst du in die siebte hinüberkommen?

Ein großes Geschehen ist zum Übergang von der sechsten in die siebte Halle, die letzte, notwendig. Endet dann auch der Himmel der Güte? Was wird weiter sein?

Eine wichtige Frage. Der Mystiker erlebt das, denn er weiß, daß es ein Weg ist. Und wenn er es erlebt, spürt er auch, daß es der Weg ist, den er tatsächlich gehen sollte und könnte. Und wenn er verzweifelt, kommt schon der, der ihn weiterführt. Du brauchst die Verzweiflung, um weitergehen zu können. Ohne Verzweiflung könntest du nicht gehen. Bis der Moment da ist, wo du spürst, jetzt kommt der siebte Tag.

Aber am sechsten Tag, du weißt, findet die Vertreibung aus dem Paradies statt. Im christlichen Bild ist es die Kreuzigung am Karfreitag. Das Ende einer Welt des

Menschen. Der »Menschensohn«, wie er im Christlichen genannt wird.
Was bedeutet das? Wohin gehen wir? Was geschieht jetzt?

In der sechsten Halle ist der Mensch im Paradies, und er versagt, sagt nicht, was er sagen sollte. Ein schreckliches Drama. Er tötet, was sein könnte, er mag es nicht, erträgt es nicht. Und dann hört er den Namen dieser Halle: Fundament.

Ist das Fundament der Welt dieses Mißverständnis?

Der Mystiker spürt hier das große Geheimnis, und auch die Sprache enthält es, denn Fundament im Hebräischen heißt *Jesod*, und Geheimnis »sod«. Das Fundament ist das Geheimnis, das Geheimnis des Bösen, des Todes, des Leidens.

Du dachtest, du seist fertig, hast Glück gehabt, hast es schön gehabt, hast Liebe gehabt. Und all das andere jetzt? Du warst froh, alles war da. Aber, weißt du, die Welt leidet noch weiter. Die zurückgeblieben sind, sind nun bei dir. Hier sind sie froh, hier im Nichtbewußten, oder im Himmel, wie du das Nichtbewußte auch nennen kannst. Wie immer du es nennst, es ist in dir, in deinem Leben.

Aber die Welt im Bewußten leidet doch, ist dumm, verblödet immer mehr. Geheimnis dieser Welt: Fundament, *Jesod.* Und wenn du das Fundament erlebst, wird dir die siebte Halle geschenkt, die *Malchuth* heißt, das Reich. Und in der siebten Halle erkennst du David als Herrn, den Vater des Messias, den anderen Vater, wie man sagen kann, obwohl es nur *ein* Vater ist. Josef im Leiblichen, David im allgemeinen. Sohn Davids, Sohn Josefs.

Eine Ruhe spürst du jetzt über dich kommen, ein Gefühl, daß jetzt alles in Ordnung ist. Denn in der siebten Halle, wo der König da ist, erlebst du, was das Reich sein kann.

Der König, er singt nun, obwohl er im sechsten Tag, in der sechsten Halle, gelitten hat, verfolgt, getötet wurde. Das sind die Gesänge, die Psalmen von David. In dir singt es jetzt, weil du das Leiden kennengelernt hast, und du spürst dein Versagen. Aber dieser König, hat er nicht auch versagt? Wo er diese Frau, Batscheba, haben wollte, und ihren Mann, Uria, an die Front schickte, damit er fallen sollte? – Ich habe den umgebracht, spürt er, ich war gemein, und jetzt verfolgen mich meine Söhne. Absalom will mich umbringen, will König sein. Was habe ich nicht alles gelitten! Und ich singe. Ich erlebe jetzt das Geheimnis des Fundamentes. Ich kann erst singen, wenn das Leid da ist. Ich kann nur spielen, weil ich es selber sehr schwer habe. Ein Singen mit einer

Träne, und spüren, ich kann erst leben, wenn das Leid da ist. Merkwürdiges Paradox.

Zeit in Ewigkeit

Sieben Hallen im ersten Himmel. Und sieben Himmel werden es sein, also sieben mal sieben Hallen.

Wie heißt der zweite Himmel? Da sagt ihm der Engel, der zweite Himmel heißt wie die zweite Halle *Gebura*, Kraft. Und die erste Halle in diesem Himmel ist dann *Chessed*, die Güte, die Liebe in der *Gebura*, der Kraft. Und die zweite Halle enthält die Kraft in der Kraft. Der Weg im zweiten Himmel ist ein Weg im Zeichen der Kraft. Du erlebst alles, was du im ersten Himmel gesehen hast, nun in der Kraft. Alle sieben Hallen im Zeichen der Kraft: die Güte in der Kraft, die Kraft in der Kraft, die Harmonie in der Kraft, der Sieg in der Kraft, das Lob, die Formwerdung in der Kraft, das Fundament in der Kraft, das Reich in der Kraft.

Es war, spürst du, bis jetzt nicht genügend, allem begegnest du nun in einer anderen Dimension. Du erfährst jetzt alles. Irdisch mag es Millionen Jahre dauern oder einen Tag oder eine Sekunde. Dort aber ist Ewigkeit. Im Ewigen ist die Harmonie der Zeit. Dort gibt es keine Reihenfolge der Zeit, damit die Gestalt der Zeit sich bildet, indem die Zeit fortschreitet, sondern im Ewigen ist die Harmonie der Zeit in einem da.

So geht der Weg durch die Himmel weiter, bis du im sechsten Himmel bist und den Übergang in den siebten vor dir hast.

Von dem großen Geschehen beim Übergang von der sechsten in die siebte Halle haben wir schon etwas gesprochen. Das Drama in der sechsten Halle von der Vertreibung aus dem Paradies, weil du das Geheimnis nicht wahren konntest. Du wolltest selbst gerne dahinterschauen, statt den anderen zu lieben, gerade weil er ein Geheimnis hat. Das Geheimnis ist doch das Kostbarste, was es gibt. – Hast du kein Geheimnis? Schätze es hoch, statt zu bohren und zu bohren, um dahinterzukommen; es nicht zu wahren, ist doch tödlich.

Im Himmel im Zeichen des Sechsten, des Fundamentes, des Geheimnisses, kommt jetzt der Übergang. Wirst du ins Reich hinübergelangen, ins Siebte? Wirst du jetzt den Sohn Davids und David erkennen oder nicht? Den Sohn von Josef hast du umgebracht, was wird nun mit dem Sohn von David sein?

Wenn er nun aus dem sechsten Himmel herauskommt, so wird erzählt, und auf dem Weg zum siebten Himmel ist, stehen dort, wie im Tempel, die großen Säulen mit den Namen Jachin und Boas. Sie sind aus Marmor. Und wenn man Marmor sieht, sieht man das Muster der Zeit, erstarrte Zeit, aber lebendige Zeit: Zeit in Ewigkeit.

Im Hebräischen ist das Wort für Marmor und für »sechs« dasselbe. Das Metall in der sechsten Halle ist Kupfer, und das hebräische Wort für Kupfer hat denselben Stamm wie das Wort für Schlange, denn im Sechsten ist doch auch die Schlange.

Die Säulen aus Marmor also am Übergang. Du siehst die Zeit, die ganze Zeit in einem, erstarrt zwar, aber lebendig auch. Du siehst das Muster der Zeit, wie du das Muster im kostbaren Marmor hier siehst. Und es heißt nun, daß du bei diesem Anblick auf einmal sagst: ›Und was ist mit dem Wasser hier?‹

Es gibt hier aber kein Wasser. Du kannst einfach nicht ertragen, daß die Zeit ewig ist. Du möchtest die Zeit fließend haben, denn es ist bei dir fundamental, daß du das Geheimnis schänden möchtest, das Geheimnis, das die Zeit verbirgt.

Da kommen Engel, wird erzählt, mit großen Felssteinen, Brocken aus Fels, und wollen dich zerschmettern. ›Wo ist hier Wasser?‹ rufen sie. ›Keine Spur von Wasser! Die Zeit ist ewig. Wenn du hier Wasser siehst, dann gehst du nicht weiter, dann bleibst du hier, bis dir klar ist, daß du aus dem Paradies vertrieben bist, daß Wasser eben *nicht* sein soll.‹

Fließen aber nicht die Ströme aus dem Paradies? – Eben, genau das war für dich deine Sünde. Du wolltest das erfahren, was am Baum der verbotenen Frucht ist, wo das Geheimnis blieb.

Wer dann, heißt es, das Glück hat, als Mystiker in den siebten Himmel durchgelassen zu werden, hat sozusagen gesiegt, ist durchgebrochen. Man kann nämlich auf dem mystischen Weg sich nicht vornehmen, diese Frage nach dem Wasser nicht zu stellen. Was in dir ist, ist in dir. Es sagt sich dann. Und wenn es sich sagt: Ich will das Erleben in der Zeit, das Reich hinieden haben, wenn das Reich nicht hier ist, werde ich dich verraten –, dann kommst du nicht weiter.

Das Reich hier kommt vom Reich im Himmel. Und wenn du wirst umkehren können und auf dem Rückweg die Säulen dort siehst, dann steht Jachin tatsächlich, wie der Name auch sagt, rechts, und Boas links. Dann ist es »recht«, dann ist es gut, dann wirst du die Säulen von der anderen Seite sehen.

So führt der mystische Weg in den siebten Himmel. Und wenn er ihn dann durchschritten hat, sieben mal sieben Hallen, erlebt er den Moment, wo die fünfzigste Halle kommt.

Ist dann alles vorbei? – O nein! In der fünfzigsten Halle kommt ein neuer Anfang, es ist niemals vorbei. Du erlebst eine Spirale. Dein neues Erlebnis ist, daß es weitergeht, daß du niemals den Weg beendest. Jedes Aufhören des Weges ist ein Anfangen eines neuen Weges, wieder sieben Himmel.

Der Weg geht weiter*, denn es ist »der Weg und die Wahrheit und das Leben«. Nicht ein bißchen Weg, dann kommt die Wahrheit und dann das Leben, sondern der Weg *und* die Wahrheit *und* das Leben.

Der mystische Weg geht weiter, das Erlebnis ist ohne Ende. Hier könnte man es nicht ertragen, daher sollst du dich dem Körper entziehen, ausziehen aus Ägypten, aus dem Körperlichen.

* Auf dem Weg durch die himmlischen Hallen erlebt der Mystiker als Zeichen die Rose an den Säulen des Tempels. »Vom Geheimnis der mystischen Rose« hat Friedrich Weinreb im folgenden Vortrag erzählt. Seine Textfassung ist 1983 im Thauros Verlag erschienen und zur Zeit in der 3. Auflage erhältlich.

Friedrich Weinreb

Selbstvertrauen und Depression

Die Schicksale von Saul und David, wie sie die mythische Bilderwelt der Bibel und der jüdischen Überlieferung geformt haben, berühren jeden Menschen unmittelbar: Staunend entdeckt der Leser, daß das Drama der beiden biblischen Könige Saul und David nicht irgendeiner fernen Vergangenheit angehört, sondern ständig im eigenen Ich sich abspielt. Denn der frohe, singende und tanzende David und der düstere, gedrückte, in Eifersucht sich verzehrende Saul sind Aspekte tiefer und gewaltiger Kräfte im Menschen. Weinrebs Erzählen öffnet den biblischen Geschichten Tore zum unmittelbaren, alltäglichen Erleben, und erweckt dadurch »Heilmittel« im Menschen, die helfen.

55 Seiten. Format 13 x 21 cm. Broschiert.
ISBN 3-88411-009-8

Thauros Verlag · D-88168 Weiler im Allgäu

Friedrich Weinreb

Innenwelt des Wortes im Neuen Testament
Eine Deutung aus den Quellen des Judentums

Mit diesem Buch liest, erlebt und versteht man die Bibel ganz neu. Behutsam bahnt Friedrich Weinreb dem Leser die Wege ins Innere des Wortes, wo dieser sich überrascht in der Tiefe der eigenen Existenz wiederfindet.

»Ich möchte etwas Neues bringen. Nicht gerade nur für Christen oder Juden, sondern für alle, für die ganze Welt. Das Neue ist für mich eben, daß ich, wenn ich von der Bibel spreche, nur Menschen sehen möchte. Keine Religionen oder Kulturen, sondern alle Völker, alle Sprachen. Anders ist die Bibel nämlich jedesmal von einem anderen geraubt, der sie als sein ausschließliches Eigentum betrachtet und entsprechend aggressiv verwaltet.«
Friedrich Weinreb

256 Seiten. Format 13,5 x 21,5 cm. Gebunden.
ISBN 3-88411-034-9

Thauros Verlag · D-88168 Weiler im Allgäu

Friedrich Weinreb

Die Wurzeln der Aggression

Woher kommen Unfriede, Angriff und Gewalt im Menschen und in der Welt? Friedrich Weinreb, aus der nahezu unbekannten Überlieferung des alten jüdischen Wissens schöpfend, gibt auf diese den Menschen gerade heute sehr bewegende Frage überraschende Antworten. Nicht theoretische Überlegung, sondern die gemäß chassidischer Tradition lebendige Entfaltung biblischer Urbilder – z.B. der Angriff der Schlange im Paradies, Kain und Abel, der Haß der Brüder auf Joseph – führt den Leser allererst zum Erleben des Aggressiven in seinem eigenen Innern. Von da her kann er dann auch ein von abschnürender Angst befreites Verhältnis zur aggressiven Gewalt in der Welt finden, vielleicht sogar zu schöpferischer Verwandlung fähig werden.

64 Seiten. Format 13 x 21 cm. Broschiert.
ISBN 3-88411-008-X

Thauros Verlag · D-88168 Weiler im Allgäu